5장의 연표를 이으면
내 키만 한 한국사 연표가 완성!
나도 유관순 열사처럼 만세!

줄줄이 한국사 연표

5권 일제 강점기 ~ 현대

일제는 헤이그 특사 파견을 빌미로 고종을 황제 자리에서 물러나게 했어.

대한 제국의 외교권을 강제로 빼앗은 조약이야.

1907

헤이그 특사 파견, 고종 강제 퇴위

1906

통감부 설치

1905

을사늑약 체결

1931

김구, 한인 애국단 조직

일본인을 향해 폭탄을 턴졌어!

1932

이봉창, 윤봉길 의거

한국 광복군 창설 **1940**

1948

5·10 총선거 실시, 대한민국 정부 수립

만세! 대한독립 만세! 광복이다!

1945

8·15 광복

일본이 무조건 항복을 하면서 우리는 광복을 맞이하게 되었지.

1980

5·18 민주화 운동

대통령 직선제를 요구하며 일어났지.

1987

6월 민주 항쟁, 6·29 민주화 선언

호헌철폐 독재타도

전두환이 정권을 차지하고 비상 계엄을 확대하자 광주 시민들은 시위를 벌였지.

1997

통화 기금(IMF)에 구제 금융 요청

외국에 진 빚을 감당하지 못해 외환 위기를 겪었어.

1988

서울 올림픽 대회 개최

민족의 원수,
이토 히로부미를
처단했소.

1910

국권 피탈

일본에게 나라를
빼앗기고 말았어.

1909

**안중근,
이토 히로부미 처단**

1912

**토지 조사 사업
실시**

국외에서도 일본군을
크게 물리쳤지!

3·1 운동은 전 민족이
참여한 독립운동이었어.

1919

**3·1 운동,
대한민국 임시 정부 수립**

1920

**봉오동 전투,
청산리 대첩**

전쟁은 멈추었고,
남북이
나뉘게 되었어.

1953

정전 협정 체결

우리 민족이 서로 총을 겨누고
싸운 가슴 아픈 전쟁이야.

1950

6·25 전쟁 발발

1960

**3·15 부정 선거,
4·19 혁명**

이승만 대통령을
물러나게 한 학생,
시민들의 혁명이야.

국민의 권리를 대통령이
마음대로 제한할 수 있는 법이
민주적이지 않았어.

1961

5·16 군사 정변

박정희와 군인들이
정변을 일으켜
정권을 잡았어.

1972

유신 헌법 제정

2002

**한일 공동 월드컵
개최**

김대중 대통령과
김정일 국방 위원장이
만나 통일 문제를 의논한 뒤
선언문을 발표했어.

2000

6·15 남북 공동 선언

국제

한국사 맥락 읽기로 **초등 논술**을 완성한다

기적의

역사 논술

길벗스쿨

기적의 역사 논술 5권

초판 1쇄 발행 2020년 7월 17일
초판 8쇄 발행 2023년 11월 11일

지은이 이수민
발행인 이종원
발행처 길벗스쿨
출판사 등록일 2006년 6월 16일
주소 서울시 마포구 월드컵로 10길 56(서교동 467-9)
대표 전화 02)332-0931 | **팩스** 02)323-0586
홈페이지 www.gilbutschool.co.kr | **이메일** gilbut@gilbut.co.kr

기획 신경아(skalion@gilbut.co.kr) | **책임 편집 및 진행** 최새롬, 서지혜, 김량희
제작 이준호, 손일순, 이진혁, 김우식 | **영업마케팅** 문세연, 박선경, 박다슬 | **웹마케팅** 박달님, 권은나, 이재윤
영업관리 김명자, 정경화 | **독자지원** 윤정아, 전희수

디자인 디자인비따 | **일러스트** 신나라, 유재영 | **전산편집** 린기획
CTP출력 및 인쇄 벽호인쇄 | **제본** 벽호인쇄

ISBN 979-11-6406-581-3 63910
(길벗스쿨 도서번호 10912)
정가 13,000원

독자의 1초를 아껴주는 정성 길벗출판사

길벗스쿨 | 국어학습서, 수학학습서, 유아학습서, 어학학습서, 어린이교양서, 교과서
길벗 | IT실용서, IT/일반 수험서, IT전문서, 경제실용서, 취미실용서, 건강실용서, 자녀교육서
더퀘스트 | 인문교양서, 비즈니스서
길벗이지톡 | 어학단행본, 어학수험서

기원전(BC), 기원후(AD)는 역사의 기준점이 되는 시대 구분 표시인데요.
2020년을 기점으로 BC와 AC의 개념이 달라졌다고 해요.
Before Corona | After Corona

지금 우리는 새로운 역사의 기점에서 또 다른 역사를 만들고 있습니다.
버티고, 이기면서 대한민국의 미래를 만들어 갈 여러분들을 응원합니다!

역사를 잃은 민족에게 미래는 없다!
역사를 아는 아이의 미래는 밝다!

어렸을 때 MBC에서 방영했던 〈조선 왕조 500년〉이라는 드라마를 열혈 시청했다. 한번 역사 드라마에 푹 빠져들다 보니, 줄줄이 이어지는 역사 드라마를 보지 않고는 배기지 못했고, 관련 책도 찾아 읽게 되었다. 학교에서 배우는 역사도 흥미진진했다. 내가 아는 인물과 사건이 교과서 여기저기에서 튀어나오니 재미있을 수밖에 없었다. 덕분에 나의 역사에 대한 애정은 시간이 갈수록 높아졌고, 더 많은 것이 알고 싶어 한국사, 세계사 관련 책을 열심히 찾아 읽게 되었다.

그런데 아이들에게 역사가 좋으냐고 물으면, 대부분 얼굴을 찡그린다. 케케묵은, 나와는 상관도 없는 옛날 옛적의 이야기를 왜 알아야 하느냐고 따지는 듯하다. 또, 외울 건 어찌나 많은지 공부도 하기 전에 질린다는 표정이다. 상황이 이러니, 역사를 공부하면 뭐가 좋은지 얘기하는 건 공허한 잔소리가 될지도 모르겠다. 그래서 전략을 바꾸기로 했다. 역사에 흥미를 느낄 수 있는 방법을 찾아 〈기적의 역사 논술〉에 적용하기로 한 것이다. 〈기적의 역사 논술〉은 다음의 3가지를 기본 줄기로 삼았다.

첫째, 역사는 이야기로 만나야 한다.

역사는 외울 게 산더미 같이 많은 지겹고 따분한 암기 과목이 아니라, 나와 다르지 않은 사람이 자신이 태어난 시대를 열심히 살았던 이야기이다. 〈기적의 역사 논술〉을 통해 타임머신을 타고 역사 속으로 들어가 사람들을 만난다면, 그들이 만나고 겪은 사람과 사건들이 오래오래 머리와 마음에 남을 것이다.

둘째, 역사는 시간 순서대로 만나야 한다.

역사 속 사건들을 단편적으로 공부한다면, 머릿속에서 파편처럼 돌아다니다가 금세 사라져 버릴 것이다. 역사 속 사건들은 꼬리에 꼬리를 물고 이어진다. 〈기적의 역사 논술〉은 선사부터 현대까지의 역사를 시간 순서대로 엮었다. 역사를 시간 순서대로 공부한다면, 과거의 사건이 현재와 미래에 강력한 영향력을 발휘한다는 것을 깨닫게 될 것이다. 더불어 현재를 살고 있는 우리가 미래를 준비할 때 필요한 지혜도 덤으로 얻게 될 것이다.

셋째, 역사는 인물 중심으로 만나야 한다.

역사 속 모든 사건은 인물들이 중심이 되어 이끌어 간다. 수많은 역사 속 인물들이 자신에게 주어진 과제를 해결하기 위해, 혹은 자신에게 닥친 고난을 극복하기 위해 고민하고, 선택하고, 행동했다. 〈기적의 역사 논술〉은 자신의 시대를 치열하게 살아간, 때로는 넘어지고, 때로는 큰 업적을 만들어 낸 사람들의 이야기를 담았다. 그들의 고민과 선택과 행동이 역사의 줄기를 어떤 방향으로 이끌었는지 살펴본다면, 나의 미래를 바른 방향으로 이끄는 데 톡톡히 큰 도움을 줄 것이다.

역사를 공부해야 하는 이유를 교육 과정에서 한국사의 비중이 높아졌고, 수능 시험에서 한국사가 필수 과목이 되었으며, 모든 공무원 시험에서 한국사가 필수가 되었다는 것에서 찾는다면, 좀 아쉽고 서글플 것 같다. 역사는 그보다 훨씬 재미있고, 더 높은 가치를 갖고 있기 때문이다.

역사는 수많은 사람들이 자신들의 시대를 열심히 산 결과물이다. 역사 속 인물들의 삶을 따라가면서 그들과 함께 고민하고 선택하고 행동한다면, 시대를 이해하는 힘과 공감하는 능력이 생길 것이다. 또한, 역사 속에서 오늘과 내일을 살아갈 지혜를 얻게 될 것이다. 과거의 일들이 현재에 영향을 미치듯이, 오늘 우리가 어떤 모습으로, 어떤 선택들을 하며 살아가느냐에 따라 미래가 결정될 것이기 때문이다.

이 책을 만난 친구들이 그 누구보다 멋진 미래 인재로 자라나기를 바란다.

2020년 뜨거운 여름, 저자 일동

〈기적의 역사 논술〉은 매주 한 편씩 한국사 스토리를 통해 역사적 맥락을 이해하고, 그 의미를 파악하며 생각을 써 보는, 초등 고학년을 위한 통합 사고력 프로그램입니다.

달달 외우거나 한 번 보고 끝나는 단편적인 공부가 아니라 스토리로 재미있게, 논술로 의미있게 맥락을 따라가 보세요. 대한민국의 과거를 통해 현재를 생각하고, 미래를 만들어가는 깊이 있는 공부가 될 것입니다.

1 역사 논술 시대별 구성 (전 5권)

| 선사~남북국 | 고려 | 조선 1 | 조선 2~대한 제국 | 일제 강점기~현대 |

2 외우지 않아도 맥락이 잡히는 한국사 스토리

한국사를 공부할 때 반드시 등장하는 주요 인물, 사건, 문화유산 등 초등학생이라면 알아야 하는 40가지 스토리를 담았습니다. 시간의 흐름대로 역사는 어떻게 시작되었고, 어떻게 흘러왔으며, 어떻게 흘러가고 있는지 알 수 있습니다. 옛날 이야기 읽듯, 동화 한 편을 보듯 천천히 곱씹으며 읽어 보세요. 흐름을 따라가다 보면 그 시대의 맥락을 이해하는 데 도움이 됩니다.

3 역사 공부의 이해를 돕는 키워드 & 그림 & 사진 자료

한국사는 용어가 핵심입니다. 이 책에서는 키워드를 중심으로 한자 풀이도 함께 제시하여 그 의미를 한 번 더 짚어 보도록 하였습니다. 또한 스토리의 이해를 돕는 그림과 사진 자료는 한국사를 조금 더 쉽게 공부할 수 있도록 해 줍니다.

4 통합 사고력, 문제 해결력, 의사 결정력을 키우는 탐구형 논술

이 교재에서 추구하는 논술은 통합 사고력을 키우는 것입니다. 사실에 기반한 역사 스토리를 통해 사건의 전후 관계를 파악하고 이해한 바를 표현해 보는 것이 주된 목표입니다. 읽고, 생각하고, 써 보는 과정에서 논리가 생기고, 비판적인 눈으로 인물과 사건을 바라보는 능력이 자랍니다. 사건 속에 들어가서 그때 그 인물은 왜 그런 선택을 했는지, 나라면 어떻게 했을지 생각해 보고, 그 생각을 표현할 때 문제 해결력을 키우고, 의사 결정력을 갖추게 됩니다.

5 교과 연계 핵심 커리큘럼

권	주	기적의 역사 논술 전체 커리큘럼	교과 연계 핵심 내용(3-2/5-2/6-1 사회)
1권 선사~남북국	1	선사 시대 사람들은 어떻게 살았을까?	역사의 의미
	2	한반도 최초의 나라, 고조선	선사 시대와 고조선의 등장
	3	고구려의 왕자, 백제를 건국하다	여러 나라의 성장
	4	대제국을 건설한 고구려	고대 국가의 등장과 발전(삼국의 발전)
	5	역사 속으로 사라진 철의 나라, 가야	삼국의 성장과 통일
	6	김유신, 삼국 통일의 주역	통일신라
	7	불국사와 석굴암	불국사와 석굴암
	8	발해, 고구려를 계승하다!	발해
2권 고려	1	왕건, 후삼국을 통일하다	고려 문벌 귀족 사회의 형성과 변화
	2	광종, 강력한 힘을 가진 왕	독창적 문화를 발전시킨 고려
	3	서희, 말로 거란의 칼을 이기다	
	4	푸른 하늘과 바다를 품은 고려청자	고려청자
	5	무신들의 세상이 오다	무신 집권기
	6	고려, 몽골의 자존심을 꺾다	몽골의 간섭
	7	팔만대장경으로 나라를 지키다	금속 활자와 그 의의, 팔만대장경
	8	공민왕, 고려의 부활을 꿈꾸다	몽골의 간섭
3권 조선 1	1	이성계, 조선을 건국하다	이성계 조선의 건국
	2	한양으로 도읍을 옮기다	유교 문화의 성숙
	3	조선의 과학을 꽃피운 세종	민족 문화를 지켜나간 조선
	4	훈민정음의 탄생	세종, 훈민정음
	5	임진왜란이 일어나다	임진왜란
	6	병자호란, 누구의 책임인가	병자호란
	7	수원 화성, 정조의 꿈을 품다	영·정조의 개혁 정치
	8	서민들이 문화를 즐기다	서민 문화의 발달
4권 조선 2~대한 제국	1	흥선 대원군, 개혁을 추진하다	흥선 대원군의 개혁 정치
	2	일본과 맺은 불평등한 강화도 조약	강화도 조약과 조선의 개항
	3	3일 천하로 끝난 갑신정변	개화파 중심의 근대 개혁
	4	동학 농민군이 바란 세상	새로운 사회를 향한 움직임(동학 농민 운동)
	5	일본, 명성 황후를 시해하다	을미사변
	6	독립신문, 한 장에 한 푼이오!	자주 독립을 위한 노력
	7	을사5적, 일제에 나라를 팔아먹다	일본에 외교권을 빼앗긴 대한 제국
	8	나라를 지키려는 백성들의 피, 땀, 눈물	나라를 지키기 위한 노력(의거 활동)
5권 일제 강점기~현대	1	나라를 빼앗기다	일제의 식민 통치
	2	3·1 운동, 대한 독립 만세!	나라를 되찾기 위한 노력
	3	봉오동 전투와 청산리 대첩	
	4	나라를 되찾기 위해 싸우다	독립운동가의 활동
	5	8·15 광복을 맞이하다	8·15 광복
	6	민족의 아픔, 6·25 전쟁	6·25 전쟁
	7	4·19 혁명이 일어나다	자유 민주주의 시련과 발전
	8	자유 민주주의가 발전하다	

고학년을 위한 **역사 논술**

사회 교과서에서 배우게 되는 한국사를 이 책에서는 스토리(이야기) 중심으로 풀었습니다. 시대 순으로 배열되어 있는 이야기 한 편을 꼼꼼하게 읽어 보세요. 키워드로 제시되는 주요 인물의 이름, 사건명, 지명, 문화유산 등을 한번 더 짚고 넘어간다면 전체적인 맥락을 파악하는 데 도움이 될 것입니다. 스토리에서 다룬 핵심 내용과 용어를 정리하는 퀴즈, 시대를 연결하고 해석해 볼 수 있는 탐구형 논술 문제도 도전해 보세요. 여러분이 그 시대의 주인공이라면 어떻게 판단했을지 생각하면서 부모님과 함께 대화해 보는 시간을 가져도 좋겠습니다.

🌸 학습 계획 세우기

한 주에 한 편씩, 천천히 읽고 공부하도록 주제별 2일차 학습 설계를 제안합니다. **1일차**에는 역사 스토리를 읽고, **2일차**에는 논술을 해 봅시다. 11쪽 차례를 보면서 학습 계획을 세우고, 스스로 점검해 보기 바랍니다.

🌸 학습 순서

이때는 말이야 [주제별 연표]

한 권에 시대별 주요 사건을 중심으로 8가지 주제를 담았습니다. 사회 교과서 어느 부분에 있는 내용인지 확인해 보고, 주제를 담고 있는 그림도 살펴보세요. 각 장의 주제를 중심으로 앞뒤에 어떤 일들이 있었는지 연표를 통해 확인하고 어떤 이야기가 전개될지 예상해 봅니다.

1step 스토리 읽는 중

Hi-story [역사 이야기]

초등학생이라면 꼭 기억해 두어야 할 한국사 속 인물, 사건, 문화유산 등을 다양한 방식의 이야기로 제시합니다.

🔑 좌우에 제시한 키워드와 용어 설명은 역사적 맥락 읽기의 열쇠입니다. 글을 읽으면서 한번 더 꼼꼼하게 짚어 봅시다.

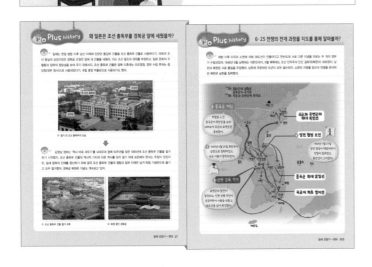

Plus history [역사 더하기]

이 코너에서는 스토리에 다 담지 못했던 역사 내용을 자료나 이미지 등을 활용하여 한 발짝 더 들어가 봅니다.

2step 스토리 읽은 후

history Point [역사 포인트]

이야기의 핵심이 되는 내용과 용어를 퀴즈를 통해 확인합니다. 막힘없이 퀴즈를 풀었다면 앞의 이야기를 잘 읽고 이해했다는 증거입니다.
문제마다 바로바로 답이 나오지 않았다면 Hi-story 로 가서 한 번 더 읽고 오세요.

3 step 스토리 읽은 후

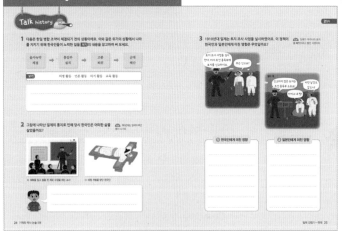

Talk history [역사 토론 논술]

앞서 읽었던 이야기를 떠올려 보고, 탐구형 논술 문제에 답하면서 역사를 해석하고 비판해 보는 시간을 가져 봅시다. 역사는 어떻게 전개되었으며, 우리가 어렴풋이 알고 있던 인물과 사건의 의미, 자랑스러운 문화유산의 가치, 새로운 사회를 향한 움직임, 전쟁의 고통, 광복의 기쁨 등을 주제로 한 이야기를 통해 우리가 한번쯤 생각해 봐야 할 문제들을 논리적으로 풀어 쓰는 연습을 할 수 있습니다.

쉬어가기

미로 찾기, 틀린 그림 찾기, 숨은 그림 찾기 등 재미있는 게임을 통해 그동안 쌓인 역사 지식을 뽐내 보세요.

부록 줄줄이 한국사 연표 [권별로 1장씩 들어 있어요]

연표는 역사를 시간 순서대로 기억하는 데 도움이 됩니다. 이 책에서는 한국사의 흐름을 한눈에 볼 수 있는 연표를 시대별로 1장씩 제공합니다.
각 권의 시대별 연표를 줄줄이 이으면, 내 키만한 한국사 연표가 완성됩니다.

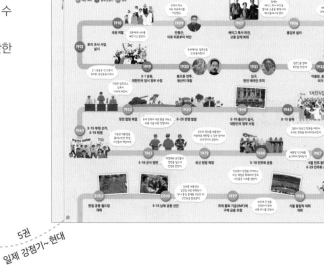

5권
일제 강점기~ 현대

1 나라를 빼앗기다

 이때는 말이야~

5-2 2. 사회의 새로운 변화와 오늘날의 우리
② 일제의 침략과 광복을 위한 노력

일제가 대한 제국의
외교권을 빼앗기 위해
강제로 조약을 체결했어!

일제가 대한 제국의
정치를 간섭하기 위해
설치했어.

**을사늑약
체결**

1905

**헤이그 특사 파견,
고종 황제 퇴위**

1907

**1906
통감부
설치**

을사늑약의
부당함을 세계에
알리겠소.

⊙ 헤이그 특사

대한 독립 만세!

3·1 운동
1919. 3.

1910

국권 피탈

일제가 우리나라를 식민
통치하기 위해 조선 총독부를
세웠어.

3·1 운동을 계기로
여러 임시 정부를 통합해
중국 상하이에 세웠어.

1919. 9.
대한민국 임시 정부
수립

⚷ 키워드

병합

併 아우를 **병**

合 합할 **합**

합병과 같은 말로, 둘 이상의 기구나 단체, 나라가 하나로 합쳐 지는 것을 말한다. 일 제는 대한 제국을 강 제로 점령하면서 침 략성을 감추기 위해 '병합'이라는 용어를 만들어 냈다.

양여: 넘겨주는 것이다.

식민지: 주권을 상실하 여 다른 나라의 지배를 받게 된 국가나 지역을 말한다.

을사늑약: 1905년 을사년 에 러일 전쟁에서 승리 한 일본이 대한 제국의 외교권을 박탈하기 위해 강제로 체결한 조약이다.

통감부: 본래 외교 업무 를 담당하기로 하였으나, 대한 제국의 내정에 깊숙 이 관여하였던 기관이다.

보호국: 다른 국가의 보 호 아래에 있는 국가를 말한다.

1910년 8월, 대한 제국은 일제에 **병합**되었어요(**한일 병합 조약**).

> 상호의 행복을 증진하며 동양 평화를 영구히 확보하고자 …… 한국 황제 폐하는 한국 전체에 관한 모든 통치권을 완전하고도 영구히 일본 황제 폐하에게 **양여**한다.
>
> ―『조선 총독부 관보』

겉으로는 두 나라의 행복과 동양의 평화를 내세웠지만, 한일 병합 조약을 통해 일본 제국주의(일제)는 대한 제국 의 주권을 **빼앗고** 한반도를 **식민지**로 삼았어요.

❂ 한일 병합 조약

고종이 황제로 즉위하면서 대한 제국이 수립된 지 13년, 조선이 세 워진 지 518년 만의 일이었지요.

사실 이전부터 조선의 운명은 바람 앞의 등불처럼 위태로웠어요. 일본은 청나라, 러시아와의 전쟁에서 연이어 승리하며 한반도에 대 한 주도권을 장악하여 나갔지요.

조선은 여러 개혁을 추진하며 근대 국가를 수립하기 위해 노력하였 지만, 이미 강해진 일본에게 끌려다닐 수밖에 없는 상황이었어요.

1905년 일본은 **을사늑약**을 강제로 체결하면서 대한 제국의 외교 권을 **빼앗았고**, **통감부**를 설치하여 대한 제국을 사실상 **보호국**으로 만들었어요.

고종은 을사늑약의 부당성을 세계에 알리기 위해 네덜란드 헤이그에서 열리는 만국 평화 회의에 특사를 파견하였지만, 일본은 이를 빌미로 고종을 강제로 황위에서 물러나게 만들었어요(고종 퇴위).

이후 일본은 대한 제국의 군대를 해산하고 **사법권**과 경찰권까지 빼앗으며 한반도를 식민지로 만들기 위한 준비를 해 나갔어요.

일제의 침략에 한국인들은 가만히 당하고만 있지 않았어요. 위기에 처한 나라를 지키기 위해 여러 가지 방법으로 노력하였어요.

의병을 일으켜 일본군과 싸우거나, 일제의 침략에 도움을 준 사람을 처단하기도 하였어요. 또한 교육을 통해 민족의 힘을 기르고, 신문을 만들어 일제의 부당한 침략을 국내외에 알리기도 하였지요.

★ 참고 자료

헤이그 특사: 1907년 을사늑약의 부당함을 알리기 위해 헤이그에 파견한 사절로 이상설, 이준, 이위종이 있다. 그러나 일본의 방해로 뜻을 이루지 못하였다.

사법권: 각 분야에 대해 재판을 할 수 있는 권리이다.

의병 활동

◉ 나라를 구하기 위해 스스로 군대 조직

언론 활동

◉ 국내외 상황을 알리기 위해 발행한 신문

의거 활동

◉ 우리나라를 침략하는 데 앞장섰던 사람 처단

교육 활동

◉ 인재를 양성하기 위해 세운 학교

1910년대 일제가 헌병과 경찰을 동원해 조선을 무력으로 지배하던 시기를 말한다.

헌병: 군대 내에서 경찰 임무를 맡은 군인이다.

조선 총독부: 1910년부터 1945년 8월 15일에 광복을 할 때까지 35년간 한반도를 식민 통치하였던 기관이다.

이러한 한국인의 노력을 짓밟은 일제는 **헌병**들에게 경찰의 임무를 주어 한국인들을 감시하게 하고 독립운동을 탄압하기 시작했어요. 그리고 한반도를 '조선'이라는 지역 이름으로 부르면서 **조선 총독부**라는 통치 기구를 세워 우리 민족을 지배했어요.

일본 군인 출신의 조선 총독은 절대 권력을 가진 최고 통치자가 되어 엄격한 **무단 통치**로 한반도를 다스렸는데, 얼마나 무시무시했는지 몰라요.

헌병 경찰은 경찰 업무뿐만 아니라 세금을 걷는 행정 업무까지 담당하면서 한국인을 감시하고 탄압하였어요. 또한 이들은 재판 없이도 한국인에게 **태형**과 같은 형벌을 내릴 수 있었어요.

태형이 뭐냐고요? 바로 몽둥이로 사람의 볼기를 치는 형벌이에요. 볼기는 엉덩이와 허벅지 사이를 말해요. 일제는 한국인만 태형을 실시하였어요.

조선 태형령과 시행 규칙

- 태형은 태 30 이상일 경우에는 이를 한 번에 집행하지 않고 30을 넘길 때마다 한 회를 늘린다.
- 태형은 감옥 또는 관서에서 비밀리에 행한다.
- 본령은 조선인에 한하여 적용한다.
- 태형은 수형자를 형판에 엎드리게 하고 그 자의 양팔을 좌우로 벌리게 하여 형판에 묶고 양다리도 같이 묶은 후 볼기 부분을 노출시켜 태로 친다.
- 집행 중 수형자가 비명을 지를 우려가 있을 때는 물로 적신 천으로 입을 막는다.

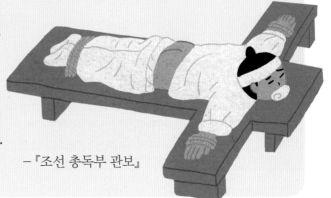

－『조선 총독부 관보』

당시의 분위기가 어땠냐면요, 학교 선생님도 제복을 입고 칼을 찬 채로 수업을 했어요! 일상생활에서도 일제는 한국인들에게 두려움과 공포를 주었어요.

조선 총독부는 토지의 소유자를 확인한다는 명분으로 **토지 조사 사업**을 시행하였어요. 이 사업으로 일부 한국인 농민들은 농사지을 땅을 잃게 되었어요. 일제는 토지의 소유자들에게 세금을 더 많이 거둬들여 한국인을 억압하는 데 사용하였어요.

국권 **피탈** 이후 한국인은 언론·집회의 자유와 같은 기본적인 권리도 빼앗겼고, 철저하게 감시 당하고 차별 대우를 받았어요.

1910년대, 일제의 무단 통치 시기는 캄캄한 암흑으로 덮인 것처럼 앞이 보이지 않는 시기였어요.

토지 조사 사업: 일제가 우리나라 토지를 빼앗기 위하여 벌인 대규모 조사 사업이다.

피탈: 억지로 빼앗기는 것을 말한다.

★ 참고 자료

이회영: 일제 강점기에 활동한 독립운동가이다. 일본에 의해 대한 제국의 군대가 해산되자 형제들과 전 재산을 팔아 만주에 신흥 강습소를 세워 독립군을 양성하였다.

안창호: 신민회를 주도하며 평양에 대성 학교를 세웠고, 미국에서 흥사단을 만들어 한국인의 실력을 기르고자 하였다.

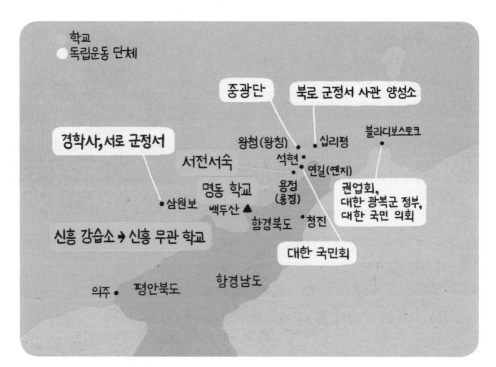

학교
독립운동 단체

중광단   북로 군정서 사관 양성소

경학사, 서로 군정서   왕청(왕칭)   십리평   블라디보스토크
서전서숙   석현
연길(옌지)
명동 학교   용정
(룽징)   권업회,
대한 광복군 정부,
대한 국민 의회
삼원보   백두산 ▲
신흥 강습소 → 신흥 무관 학교   함경북도   청진

대한 국민회

의주   평안북도   함경남도

⊕ 1910년대 국외 독립운동 학교와 단체

이 시기의 독립운동은 일제의 강력한 탄압으로 어려움을 겪었어요. 수많은 독립운동가들이 체포되거나 감옥에 갇혔어요. 그래서 국내에 남아 비밀리에 **항일** 운동을 이어간 민족 지도자들도 있었지만, 1910년대의 독립운동은 해외에서 보다 활발하게 이루어졌어요.

만주와 연해주 지역에는 일제의 탄압과 감시를 피해 수많은 독립운동가가 모여들었어요. 이들은 독립운동 단체와 학교를 세워 독립 투쟁을 준비했어요. 지리적으로 대한 제국과 가까웠기 때문에 만주와 연해주에 독립운동 단체를 세우기 딱 알맞았어요.

만주에서 독립운동을 펼쳤던 대표적인 인물로 **이회영**이 있어요.

조선에서 손꼽히는 명문가이자 부잣집 아들이었던 이회영은 벼슬에 나가지 않고 새로운 학문을 익히며, 앞날을 준비하고 있었어요.

이회영은 일본의 침략이 거세지던 1907년에 **안창호**, 양기탁 등과 함께 신민회를 만들었어요. 신민회는 교육과 국민 **계몽**을 통해 근대 국가를 건설하려는 비밀 단체였어요. 신민회는 학교와 회사를 세우며 나라와 민족의 힘을 기르고자 하였어요.

일제의 대한 제국 병합이 본격적으로 진행되자, 이회영은 국외로 나가 **무장 투쟁**을 준비하기로 하였어요. 그런데 국외에서 독립운동을 하려면 많은 돈이 필요했어요. 이회영이 다섯 형제들에게 말하였어요.

"우리 형제가 **대의**가 있는 곳에 죽을지언정, 왜적 밑에서 노예가 되어 목숨을 부지하고자 한다면 어찌 짐승과 같지 않겠습니까?"

"나도 마음이 불편하던 차에 잘 되었네. 함께 떠나세."

이회영의 제안에 형제들이 모두 동의하였어요.

이회영과 형제들은 독립운동을 위해 조상으로부터 물려받은 막대한 재산을 급하게 처분하고, 추운 겨울에 고향을 떠나 만주로 향했어요. 조선 제일의 명문가이자 부자였던 이회영 집안 사람들이 독립을 위해 **기득권**을 내려놓고 국경을 넘을 때의 심정은 어땠을까요?

계몽: 가르쳐서 깨우치게 하는 것이다.

무장 투쟁: 전투 장비를 갖추어 조직적으로 벌이는 군사 행동이다.

대의: 사람으로서 마땅히 지키고 행하여야 할 큰 도리를 말한다.

기득권: 이미 차지하고 있는 권리를 말한다.

⊙ 이회영과 다섯 형제들

1일차

일제 강점기~현대 **19**

★ 참고 자료

신흥 강습소: 신민회의 '신(新)'과 일어나다는 뜻의 한자 음 '흥(興)'을 합쳐 '신흥'이라 하였다. 1911년 만주 지역에 세운 독립군 양성소로, 많은 청년들이 모이면서 신흥 무관 학교로 발전하였다.

이회영은 만주에 정착하여 **신흥 강습소**를 세워 민족 교육과 군사 교육을 실시하였고, 이곳은 이후에 **신흥 무관 학교**로 발전하였지요. 소식을 듣고 독립운동에 뜻을 가진 수많은 한국인이 모여들었어요.

> 이곳 신흥 학교는 북간도나 러시아 땅처럼 당을 이루어 서로 싸우는 일도 없고 단합도 잘 되는 편이오 의병이나 군인 출신의 인물이 많아 희망이 보이지만, 재정이 가장 걱정되는 문제올시다.
>
> – 양기탁이 안창호에게 보낸 편지(1916)

신흥 무관 학교는 무료로 운영되었기에 많은 돈이 필요하였는데, 이회영과 형제들은 어려운 상황에서도 운영 자금을 모으기 위해 끊임 없이 노력하였어요.

1920년까지 신흥 무관 학교는 수천 명의 졸업생을 배출하였고, 이들은 독립군이 되어 일제와 싸우는 무장 독립 전쟁에서 큰 활약을 하였어요.

일제의 무단 통치가 행해진 어려운 상황에서도 이회영과 같은 독립운동가의 활동이 이어졌기에, 1919년 3·1운동 이후 독립운동이 더욱 거세지고 조직적으로 전개될 수 있었어요.

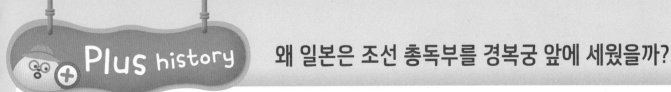

왜 일본은 조선 총독부를 경복궁 앞에 세웠을까?

일제는 한일 병합 이후 남산 아래에 있었던 통감부 건물을 조선 총독부 건물로 사용하다가, 1926년 조선 왕실의 상징이었던 경복궁 근정전 앞에 새 건물을 세웠어. 이는 조선 왕조의 권위를 부정하고, 일본 문화의 우월함과 침략의 정당성을 보여 주기 위해서지. 조선 총독부 건물은 광복 이후에는 미군정청, 정부 수립 후에는 중앙청(정부 청사)으로 사용되었다가, 국립 중앙 박물관으로 사용되기도 했어.

⊙ 철거 전 조선 총독부의 모습

김영삼 정부는 '역사 바로 세우기'를 내세우며 광복 50주년을 맞은 1995년에 조선 총독부 건물을 철거하기 시작했지. 조선 총독부 건물의 역사적 가치와 아픈 역사를 잊지 않기 위해 보존해야 한다는 주장이 있었지만, 일제 침략의 잔재를 청산하기 위해 결국 조선 총독부 건물의 첨탑과 일부 자재만 남겨 독립 기념관으로 옮기고 모두 철거했어. 경복궁 복원은 지금도 계속되고 있어.

⊙ 조선 총독부 건물 철거 직후

⊙ 복원 중인 경복궁

history Point

1 일제의 무단 통치와 관련된 그림과 초성을 보고, 알맞은 말을 써 보세요.

신고하지 않은 토지는 모두 가져가겠소.

조선 총독부 소유

ㅌ	ㅎ

ㅌ	ㅈ	ㅈ	ㅅ	ㅅ	ㅇ

2 다음은 독립운동을 위해 애쓴 이회영의 업적이에요. 빈칸에 들어갈 알맞은 말을 보기 에서 골라 써 보세요.

보기   신민회   신흥 강습소   조선 총독부   대성 학교   헤이그   만주

⊙ 이회영

❶ 1907년 안창호, 양기탁 등과 함께 (   )(이)라 는 비밀 단체를 만들어 나라를 지키고자 하였다.

❷ 대한 제국이 일본의 손에 넘어가자 형제들과 함께 전 재산을 처분하고 (   )(으)로 떠났다.

❸ (   )을/를 세워 민족 교육과 군사 교육을 실 시하였고, 이 학교는 신흥 무관 학교로 발전하였다.

3 일제에게 빼앗긴 주권을 되찾기 위해 독립운동가들은 맞서 싸웠어요. 독립운동가가 되어 빈칸에 들어갈 알맞은 말에 ○표 하면서 독립을 향해 달려 볼까요?

❶ 1910년 (   )을 통해 일제는 대한 제국의 주권을 빼앗았다.

을사늑약   한일 병합 조약

❷ 한국의 국권 강탈 이후 식민 통치의 최고 기구로 (   )를 설치하였다.

조선 총독부   통감부

❸ 일제의 탄압을 피해 독립운동가들이 국외에 모여 단체를 세운 지역은?

만주   네덜란드 헤이그

❹ 신흥 무관 학교를 세워 독립군 양성에 힘쓴 인물은?

이회영   안창호

독립

Talk history

1 다음은 한일 병합 조약이 체결되기 전의 상황이에요. 이와 같은 위기의 상황에서 나라를 지키기 위해 한국인들이 노력한 일을 보기 의 내용을 참고하여 써 보세요.

| 을사늑약
체결 | → | 통감부
설치 | → | 고종
퇴위 | → | 군대
해산 |

보기   의병 활동   언론 활동   의거 활동   교육 활동

2 그림에 나타난 일제의 통치로 인해 당시 한국인은 어떠한 삶을 살았을까요?

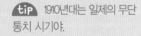 tip 1910년대는 일제의 무단 통치 시기야.

⊙ 제복을 입고 칼을 찬 채로 수업을 하는 교사

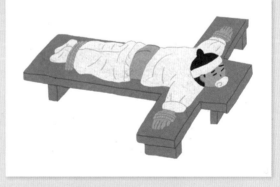
⊙ 태형 처벌을 받던 한국인

3 1910년대 일제는 토지 조사 사업을 실시하였어요. 이 정책이 한국인과 일본인에게 미친 영향은 무엇일까요?

일제가 우리나라 토지를 빼앗으려고 벌인 사업이야.

❶ 한국인에게 미친 영향	❷ 일본인에게 미친 영향

4 이회영은 대표적으로 노블레스 오블리주를 실천한 인물이에요. 글을 읽고 알맞은 내용을 써 보세요.

tip 사회적 지위에 맞게 솔선수범하는 자세를 '노블레스 오블리주(Noblesse oblige, 귀족의 의무)'라고 해.

이회영의 집안은 이항복 때부터 8대에 걸쳐 *판서를 배출한 조선의 명문가였다. 서울 명동 일대의 땅이 거의 이 집안 소유라는 말이 있을 정도로 부자였다. 이회영과 그 형제들은 가진 재산과 조상 대대로 쌓은 명망으로 편안한 삶을 살 수 있었지만, 나라의 위기 앞에서 재산을 전부 내놓고 고난이 기다리는 길을 택하였다.

*판서: 조선 시대 6조의 으뜸 벼슬

❶ 이회영과 그의 형제들이 만주로 떠난 까닭은 무엇일까요?

_____

_____

❷ 내가 이회영이라면 나라의 위기 앞에서 어떤 행동을 하였을지 써 보세요.

_____

_____

_____

5 일제는 한일 병합 이후 경복궁 근정전 앞에 조선 총독부를 세웠어요. 다음 질문에 알맞은 말을 써 보세요.

tip 조선 총독부는 한국의 식민 통치 기구였어.

⊙ 철거 전 조선 총독부 건물 모습

역사와 민족 정기를 바로 세우기 위해 광복 50주년을 맞는 1995년 8월 15일부터 조선 총독부 건물 철거를 시작할 것입니다.

⊙ '역사 바로 세우기'를 발표하는 김영삼 대통령

❶ 일제가 경복궁 근정전 앞에 조선 총독부를 세운 까닭은 무엇일까요?

_____

_____

❷ 조선 총독부 건물 철거에 대해 찬성과 반대의 입장 중 하나를 선택하고, 선택한 까닭을 써 보세요.

_____

_____

_____

_____

2 3·1 운동, 대한 독립 만세!

 이때는 말이야~

5-2 2. 사회의 새로운 변화와 오늘날의 우리
② 일제의 침략과 광복을 위한 노력

1910년 8월 29일,
우리 민족은 일제에 주권을
빼앗기고 식민지가 되었어.

국권 피탈
1910

1911
신민회 해체

안창호 등이 중심이 되어
만들어진 비밀 단체야.
일제의 탄압으로 해체되었어.

탑골 공원에서
독립 선언서를 낭독한 후
만세 시위를 벌였고,
전국적으로 확산되었어.

3·1 운동

1919. 3.

여러 임시 정부를
통합해 임시 정부가
세워졌어.

봉오동과 청산리에서
일본군을 크게 물리쳤어.

봉오동 전투,
청산리 대첩

1920

1919. 9.
대한민국 임시 정부
수립(상하이)

✿ 독립 선언서

🔑 키워드

삼일절

三 석 **삼**

一 한 **일**

節 마디 **절**

1919년 3월 1일 독립 운동 정신을 계승하고 발전시켜 민족의 단결과 애국심을 고취하기 위하여 제정한 국경일이다.

장례: 죽은 사람을 장사 지내는 일이나 예식을 말한다. 왕의 장례일을 '인산일'이라고 한다.

"으뜸아, 내일부터 개학이구나. 기분이 어떠니?"

"방학이 끝나서 아쉽지만 새로운 친구를 만날 생각에 기대도 돼요! 오늘이 **삼일절**이라 쉬어서 그나마 다행이에요."

"삼일절이 무슨 날인지는 알고?"

"**3·1 운동**이 일어난 날이잖아요. 그것도 모를 줄 아세요?"

"그런데 3·1 운동은 왜 3월 1일에 일어났을까?"

"엇 …… 그것까지는 모르겠는데요."

"일본에게 나라를 빼앗긴 이후 고종이 덕수궁에서 쓸쓸한 나날을 보내고 있었는데 1919년에 갑자기 숨을 거둔 거야."

"왜요?"

"뭔가 이상하지? 당시에 고종이 식혜를 먹고 독살 당했다는 소문이 무성해서 많은 사람이 분노했어. 이 무렵 지난 10년간의 무단 통치에 대한 사람들의 불만도 커지고 있었지. 그래서 종교계를 이끌던 지도자들이 전국적인 투쟁을 벌이기로 했어. 그들은 고종의 **장례**일이었던 3월 3일 즈음에 많은 참배객이 몰릴 것으로 예상해 3·1 운동을 계획했어."

"그런데 왜 3월 3일이 아니라 3월 1일에 일어났어요?"

"고종 장례일에 시위를 벌인다는 건 돌아가신 황제에 대한 예의가 아니라고 생각했지. 그리고 2일은 일요일이어서 기독교계 지도자들이 반대했어."

"그래서 어떻게 됐어요?"

"정말 수많은 사람이 서울로 모여들었어. 그리고 ……"

1919년 3월 1일 오후 2시, 수천 명의 학생과 시민이 **탑골 공원**과 주변에 모여 있었어요.

"자네는 어디서 왔는가?"

"멀리 상주에서 소식을 듣고서 돌아가신 황제께 큰절을 한 번 올리려고 올라왔지요. 여기 모인 사람들이 다 같은 마음일 겁니다."

"이렇게 가시면 안 되는데 …… 분명 일본놈들이 한 짓일 거야."

"10년 동안 일제에게 당한 걸 생각하면 …… 이렇게는 못 살지. 암, 못 살고 말고."

"지난 2월 8일에는 일본 **도쿄**로 유학을 간 학생들이 도쿄 한복판에서 만세를 불렀다잖나(**2·8 독립 선언**). 우리도 용기를 내자고."

탑골 공원에 모여 있는 사람들은 저마다 한마디씩 거들고 있었어요.

이날 **민족 대표 33인**은 탑골 공원에서 **독립 선언서**를 발표할 계획이었어요. 하지만 시위 도중 폭력이 발생할 것을 우려하여 **태화관**에 모여 독립을 선언했고, 스스로 일본 경찰에 체포되었어요.

독립 선언서

獨	홀로 **독**
立	설 **립**
宣	베풀 **선**
言	말씀 **언**
書	글 **서**

민족 대표 33인이 한국의 독립을 선언한 글로 '기미 독립 선언서'라고도 한다.

탑골 공원: 서울 종로에 있는 공원으로, '탑골'은 공원 안에 원각사지 10층 석탑이 남아 있던 것에서 유래한다.

도쿄: 일본의 수도이다.

태화관: 서울 종로구 인사동의 조선 요릿집이다.

★ 참고 자료

독립 선언서의 내용: 우리나라가 일제의 간섭과 지배에서 벗어나 독립한 자주적인 나라임을 국내외에 알리는 내용이 담겨 있다.

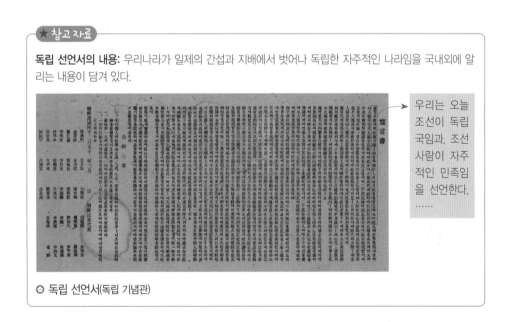

우리는 오늘 조선이 독립국임과, 조선 사람이 자주적인 민족임을 선언한다. ……

◎ 독립 선언서(독립 기념관)

기다리던 민족 대표들이 보이지 않아 사람들이 궁금해 하던 순간에

소식이 전해졌어요.

"독립 선언식이 태화관에서 거행되었답니다!"

말이 떨어지기 무섭게 한 사람이 팔각정 위에 뛰어 올라가 큰 소리

로 독립 선언서를 낭독하였고, 학생들은 **태극기**와 독립 선언서를 나

누어 주었어요.

"우리는 조선이 독립국임을 선언합니다!"

"대한 독립 만세! 대한 독립 만세!"

사람들은 공원 밖으로 나가 거리를 행진하였

고, 평화적으로 시위하였어요.

서울 시내는 온통 만세를 외치는 사람들의

물결로 넘쳐 났어요. 만세 시위에는 어르신부

터 학생, 어린 아이까지 남녀노소를 가리지 않

고 함께 하였지요.

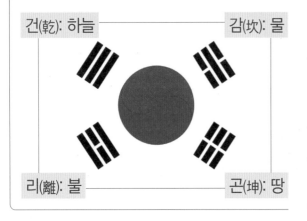

건(乾): 하늘　　　감(坎): 물

리(離): 불　　　곤(坤): 땅

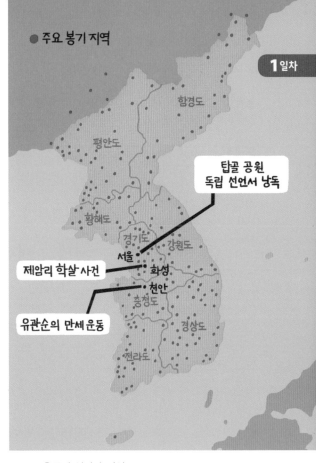

이 날의 만세 시위는 전국의 주요 도시에서 함께 일어났고, 참배객들이 고향으로 내려가면서 전국 방방곡곡으로, 해외로 확산되었어요.

시위는 두 달이 넘도록 끊이지 않고 일어났어요.

일제는 헌병과 경찰을 앞세워 평화적인 만세 시위를 무력으로 진압하기 시작하였어요. 칼을 휘두르고 총을 쏘며, 시위에 참여한 사람들을 탄압하였어요.

이때 천안에서 만세 시위를 주도하였던 **유관순**도 체포되어 감옥에 갇히고 말았어요.

심지어 일본군은 3·1 운동에 대한 보복으로 마을을 습격하여 사람을 죽이고 집과 재산, 교회를 불태우는 끔찍한 일 (**제암리 학살**)을 저질렀어요.

무자비한 탄압에 감옥에는 잡혀 간 사람들로 가득 찼고, 만세 시위는 점점 잦아들었어요.

하지만 우리 민족은 3·1 운동을 통해 독립 의지를 더욱 굳건히 하였고, 이를 세계에 알릴 수 있었지요.

○ 3·1 운동이 일어난 지역

유관순: 이화 학당 학생이었던 유관순은 휴교령이 내려지자 고향인 천안으로 내려가 아우내 장터에서 독립 만세 운동을 벌였다.

★ **참고 자료**

제암리 학살: 경기도 화성 제암리에서 일본군이 마을 주민을 학살한 사건이다.

○ 불타 버린 제암리 모습(독립 기념관)

염원: 마음에 간절히 생각하고 바라는 것이다.

연해주: 러시아의 동남쪽 끝으로, 우리나라와 두만강을 경계로 국경을 접하고 있는 지역이다. 대표 도시는 블라디보스토크이다.

"독립 만세를 부르다 일제가 휘두른 총칼에 정말 많은 분들이 아픔을 겪으셨군요. 삼촌, 그 다음은 어떻게 되었어요?"

"3·1 운동은 비록 막을 내렸지만, 우리 민족의 독립 **염원**을 담은 임시 정부가 여러 곳에서 탄생했지. 러시아 **연해주**의 블라디보스토크에는 '**대한 국민 의회**', 중국 상하이에는 '**대한민국 임시 정부**', 그리고 서울(경성)에는 '**한성 정부**'가 세워졌어."

"와, 서울에도요?"

"응. 하지만 일제의 탄압이 심해서 적극적으로 활동하지는 못했어. 그러다가 세 정부는 독립운동의 힘을 하나로 모으기 위해 통합을 논의하고, 상하이에 '대한민국 임시 정부'를 수립하게 돼."

"그런데 왜 상하이였어요? 바다를 건너야 하잖아요."

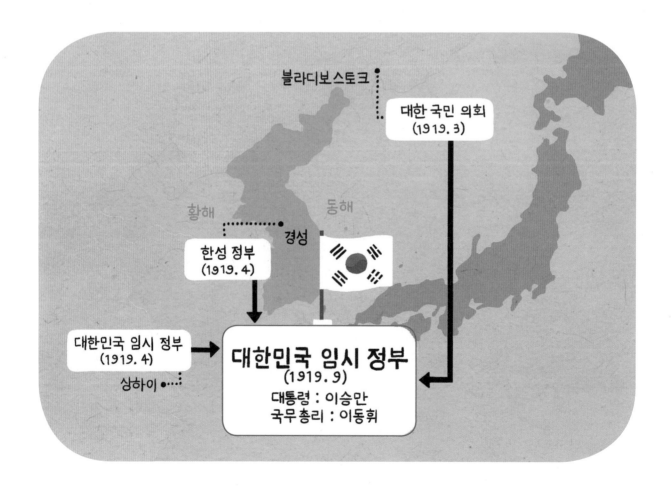

"당시에 무장 독립 투쟁이 유리한 연해주에 임시 정부를 두자는 주장도 있었지만, 결국 서양 여러 나라의 공사관과 **조계** 지역이 있어 외교 활동에 유리한 상하이에 정부가 설립되었어. 그래서 우리나라에서는 상하이에서 대한민국 임시 **헌장**을 발표하고 임시 정부를 수립한 4월 11일을 '대한민국 임시 정부 수립 기념일'로 지정하여 기념하고 있지."

"뉴스에서 본 것 같아요! 근데 쉬는 날은 아니죠? 히히."

"쉬는 날이 아니어서 아쉽지만 '**대한민국**'이라는 나라 이름을 처음으로 정하고, **민주 공화제** 헌법을 정한 것도 대한민국 임시 정부였단다. 외교에 능통하였던 이승만은 임시 대통령을, 무장 투쟁을 강조하였던 이동휘는 국무총리를 맡게 되었어."

"여러 독립운동가들이 함께 모여 임시 정부를 수립하였으니, 앞으로의 독립운동이 기대되는 걸요?"

으뜸이는 잔뜩 기대에 부푼 얼굴이었어요.

대한민국
大 큰 **대**
韓 나라 **한**
民 백성 **민**
國 나라 **국**

아시아 동쪽에 있는 한반도와 그 부속 도서로 이루어진 공화국으로 임시 정부에서 '대한민국'이라는 나라 이름을 처음으로 정하고 국가 체제를 갖추었다.

조계: 개항 도시의 외국인이 살았던 곳으로, 외국이 행정권과 경찰권을 행사한 지역을 말한다.

헌장: 헌법의 규칙을 적은 글이다.

민주 공화제: 모든 국민이 평등하고, 국민에게 주권이 있는 정치 체제이다.

대한민국 임시 헌장(1919. 4.)

- 대한민국은 민주 공화제로 한다.
- 대한민국은 임시 정부가 임시 의정원의 결의에 의하여 이를 통치한다.
- 대한민국의 인민은 남녀 귀천 및 빈부의 계급이 없고 일체 평등하다.
- 대한민국의 인민은 종교, 언론……
  신체 및 소유의 자유를 향유한다.
- 대한민국의 인민으로 공민 자격이
  있는 자는 선거권 및 피선거권을 가진다.

◎ 대한민국 임시 정부 청사(중국 상하이)

○ 독립 공채: 대한민국 임시 정부는 독립운동에 필요한 자금을 마련하기 위해 독립 공채를 발행하였다.

"대한민국 임시 정부는 **독립 공채**를 발행하는 등 독립운동 자금을 모으고, 외교 활동도 열심히 했어. 또한 국내외 항일 세력과 연락하기 위한 조직도 만들고 신문도 발행하였단다."

"어떤 신문인가요?"

"「독립신문」을 발행해 임시 정부의 활동을 알렸지. 그런데 시간이 지나면서 독립운동의 방향을 두고 갈등이 생겼고, 독립운동 자금을 마련하기도 점점 힘들어졌어. 일제의 방해와 탄압도 더욱 심해져서 어렵고 힘들게 임시 정부를 유지하였지."

"정말 힘들었겠어요. 많이 안타깝네요."

으뜸이는 독립이 결코 쉬운 일이 아니었음을 다시 한 번 느꼈어요. 하지만 어려운 상황에서도 독립을 위해 목숨을 걸고 싸워 주신 독립운동가들이 정말 대단하다고 생각하였어요.

★ 참고 자료

대한민국 임시 정부 및 임시 의정원: 임시 의정원은 대한민국 임시 정부 안에 설치된 입법 기관으로, 지금의 국회와 같은 역할을 하였다. 첫 번째 줄 왼쪽에서 세 번째가 김구이고, 두 번째 줄 왼쪽에서 여섯 번째가 국무총리인 이동휘, 일곱 번째가 임시 대통령인 이승만이다.

○ 대한민국 임시 정부 및 임시 의정원 신년 축하 기념 사진(독립 기념관)

민족 대표 33인은 누구일까?

과격한 시위 우려

민족 대표들은 탑골 공원에 생각보다 너무 많은 사람이 모이자, 조선 총독부의 진압으로 많은 사람들이 다치는 것을 우려하여 장소를 태화관으로 변경하였대.

완벽한 비밀 인쇄

「독립 선언서」는 천도교에서 경영하던 보성사에서 사장 이종일의 책임하에 2월 27일경, 21,000부가 인쇄되어 비밀리에 전국 각지로 보내졌지.

민족 대표 33인

탑골 공원의 수많은 사람이 기다린 인물은 바로 민족 대표 33인!

◎ 「독립 선언서」

3·1 독립 선언서

우리는 이에 우리 조선이 독립국임과 조선 사람이 자주적인 민족임을 선언한다.

손병희   한용운

◎ 「독립 선언서」를 낭독하는 민족 대표 33인

종교 지도자 참여

최남선이 작성한 「독립 선언서」에 서명한 지도자들은 기독교계 16명, 천도교계 15명, 불교계 2명이 포함되었어. 대표는 천도교 교주였던 손병희야.

최대 위기

형사가 인쇄소에 들이닥쳐 계획이 발각되었는데, 민족 대표들의 간곡한 설득과 손병희가 마련한 거금 5천 원을 받고 눈감아 준 일도 있었지.

자진 신고

독립 선언식을 거행한 민족 대표들은 조선 총독부에 스스로 전화를 걸어 이 소식을 전하고, 경찰에게 연행되어 옥살이를 하였어.

1 다음 (가), (나)에 들어갈 알맞은 내용을 보기 에서 찾아 써 보세요.

3·1운동

1. 배경: 도쿄 유학생의 [　(가)　] 발표, 고종 황제의 서거
2. 참여: 전국의 남녀노소 모두
3. 전개: 서울에서 독립 선언과 만세 시위 → 주요 도시, 농촌, 해외까지 확산
4. 영향: 중국 상하이에, 독립운동을 이끌어 갈 [　(나)　] 수립

> 보기　　　2·8 독립 선언　　독립 선언서　　한성 정부
> 　　　　　대한 국민 의회　　대한민국 임시 정부

(가): (　　　　　　　　　　　)　　(나): (　　　　　　　　　　　)

2 3·1 운동 만세 시위 중에 사용하였던 태극기는 어떤 모양이었는지 보기 를 참고하여
그려 보세요.

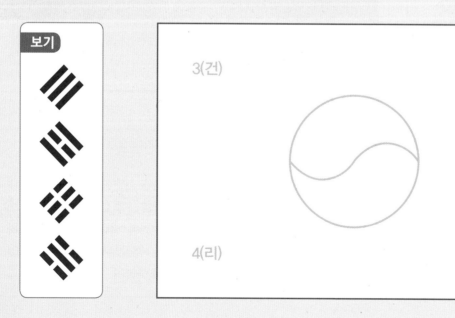

3 다음 3·1 운동과 대한민국 임시 정부의 내용을 떠올리며 빈칸에 들어갈 알맞은 말을 써 보세요.

❶ 우리 민족은 민족 자결주의와 2·8 독립 선언의 영향을 받아 독립운동을 계획하였어요. 민족 대표 33인을 구성하여 [　　　　　]의 장례일에 만세 시위를 계획하였어요.

❷ 1919년 3월 1일, 학생과 시민이 탑골 공원에 모여 [　　　　　]을/를 발표한 후 거리에 나가 '대한 독립 만세'를 외치며 만세 시위를 벌였어요. 전국으로 퍼진 만세 운동은 국외로도 확산되었어요.

❸ 일제는 총칼로 만세 시위 현장을 진압하였고, 시위에 참여한 사람을 탄압하였어요. 비록 [　　　　　]은/는 일제의 탄압으로 좌절되었지만 우리 민족의 독립 의지를 전 세계에 알린 계기가 되었어요.

❹ 각지에 세워진 임시 정부는 [　　　　　]의 대한민국 임시 정부로 통합되었어요. 임시 정부는 [　　　　　]을/를 발행하여 독립 자금을 모으고, 「독립신문」을 만들어 활동을 알렸어요.

Talk history

1 내가 3·1 운동의 현장에 있었다면 어떤 구호를 외쳤을까요? 그리고 3·1 운동이 전국으로 확대될 수 있었던 까닭은 무엇일까요?

tip '대한 독립 만세'에 담긴 의미를 생각하면서 만세 시위에 참여한 우리 민족의 염원을 짐작해 보자.

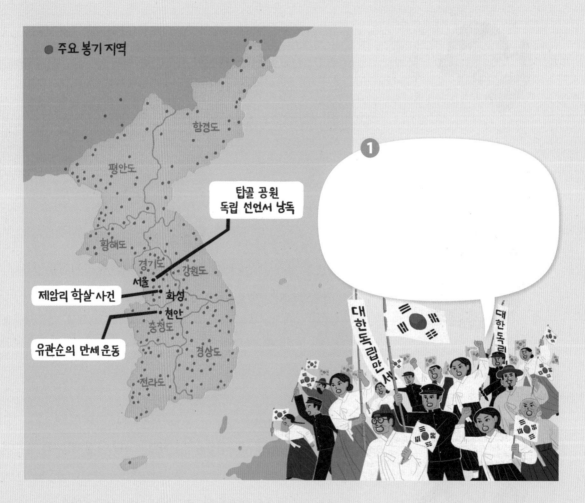

● 주요 봉기 지역

함경도

평안도

탑골 공원 독립 선언서 낭독

황해도

경기도

서울 강원도

제암리 학살 사건 · 화성

· 천안

충청도

유관순의 만세운동

경상도

전라도

❶

대한독립만세

대한독립

② 전국으로 확대될 수 있었던 까닭

2 다음 유관순 열사의 이야기를 읽고, 물음에 알맞은 말을 써 보세요.

이화 학당에서 공부하던 유관순은 서울에서 만세 시위에 참여하다가 모든 학교에 휴교령이 내려지자, 고향인 충남 천안으로 내려가 만세 운동을 준비하였다. 4월 1일 아우내 장터에서 3,000명이 넘는 사람들과 함께 유관순은 독립 만세를 외쳤다. 만세 시위 중 일본 헌병의 무차별 진

◑ 서대문 형무소에 투옥된 유관순의 모습

압으로 부모를 잃은 유관순은 법원에서 징역 5년을 선고 받고 서대문 형무소에 갇혔지만, 감옥 안에서도 만세를 불렀다. 결국 유관순은 1920년 9월, 모진 고문과 영양실조로 인해 18세의 나이로 옥중에서 순국하였다.

1 유관순이 만세 시위에 참여한 까닭은 무엇일까요?

----

2 글을 읽고 난 후의 느낌을 고르고, 고른 까닭을 써 보세요.
- 느낌: (감사 / 존경 / 부끄러움 / 슬픔 / 미안함 / 좌절)

- 까닭: --

----

3 3·1 운동을 계기로 여러 지역에 임시 정부가 세워졌어요. 그런데 한 곳으로 정부가 통합되었다는 뉴스가 나오고 있어요.

tip 3·1 운동 이후 서울, 연해주, 상하이에 임시 정부를 세웠어.

① 통합된 대한민국 임시 정부가 세워진 도시는 어디이며, 그 도시에 정부를 둔 까닭은 무엇인가요?

----

② 내가 만약 임시 정부를 세운다면 어느 도시에 두었을까요? 그리고 그 도시에 정부를 세우고 싶은 까닭은 무엇인가요?

지도에 나와 있는 지역이 아니어도 괜찮아요. 어디에 임시 정부를 세우고 싶나요?

----

4 대한민국 임시 정부에서는 우리 민족의 소망을 담아 대한민국 임시 헌장을 발표하였어요. 임시 헌장을 읽고 오늘날 내가 소망하는 나라는 어떤 모습인지 써 보세요.

대한민국 임시 헌장(1919. 4.)

- 대한민국은 민주 공화제로 한다.
- 대한민국은 임시 정부가 임시 의정원의 결의에 의하여 이를 통치한다.
- 대한민국의 인민은 남녀 귀천 및 빈부의 계급이 없고 일체 평등하다.
- 대한민국의 인민은 종교, 언론 …… 신체 및 소유의 자유를 향유한다.
- 대한민국의 인민으로 공민 자격이 있는 자는 선거권 및 피선거권을 가진다.

◎ 대한민국 임시 정부 청사

3 봉오동 전투와 청산리 대첩

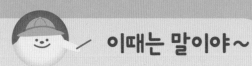 이때는 말이야~

5-2 2. 사회의 새로운 변화와 오늘날의 우리
② 일제의 침략과 광복을 위한 노력

민족 전체가 하나가
되어 대한 독립 만세를
외쳤어.

3·1 운동

1919. 3.

1919. 9.

대한민국 임시 정부
수립(상하이)

3·1 운동의 영향으로
대한민국 임시 정부가
수립됐어.

홍범도 장군이 이끄는
대한 독립군이 봉오동에서
일본군을 무찔렀어.

봉오동 전투

1920. 6.

우리가 일본군을 무찔렀다!

◉ 청산리 대첩에서 승리한 북로 군정서군

대한 독립군,
북로 군정서군 등
여러 독립군 부대가
힘을 모아 결성했어!

대한 독립 군단
결성
1920. 12.

1920. 10.

청산리 대첩은
일본군을 가장 크게
물리친 전투야!

청산리 대첩

Hi-story Hi~

○━ 키워드

무장 독립운동

武	무예	무
裝	꾸밀	장
獨	홀로	독
立	설	립
運	옮길	운
動	움직일	동

일제에 대해 직접적인 무력을 행사하는 움직임을 말한다. 1919년 3·1 운동 이후 일제와 무력으로 싸우려는 분위기가 만주 지역에 확산되었다.

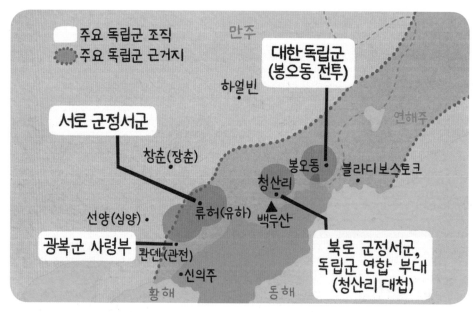

◎ 1920년대 독립군의 활동 지역

3·1 운동의 열기는 국외의 우리 민족에게 전해져 각지에서 독립을 위한 움직임이 일어났어요.

특히 평화적인 만세 시위나 외교 활동보다 **무장 독립운동**이 중요하다고 생각한 사람들은 만주와 연해주에 모였고, 여러 독립군 부대가 생겨났어요. 이들은 만주와 연해주에 거주하고 있는 동포의 도움을 받아 군대를 키워 갔어요. 만주의 독립군은 압록강과 두만강을 건너 국내에 들어와 일제의 기관을 습격하고, 일본군이나 경찰과 전투를 벌여 승리를 거두기도 하였어요.

여러 독립군 부대가 일본군을 상대로 전투를 벌이며 활약하였는데 특히 **홍범도**가 이끄는 대한 독립군은 함경북도에 머물고 있던 일본군 헌병 수비대를 격파하거나 만주에서 여러 차례 일본군을 공격하여 용맹을 떨치고 있었어요.

◎ **홍범도**: 봉오동 전투에서 일본군을 크게 물리쳤고, 김좌진의 부대와 연합해 청산리 대첩을 승리로 이끌었다.

당시 일본군은 동아시아 최강의 군사력을 자랑하였어요. 청나라와 러시아를 꺾고 **승승장구**하던 일본군이 격파당하였을 때 어떤 심정이었을까요? 아마 약이 올랐을 거예요.

1920년 6월 어느 날, 일본군은 병력을 동원하여 두만강을 건너왔어요. 일본군 부대는 기관총으로 무장하고 자신만만하게 홍범도 부대가 있는 봉오동으로 다가왔어요. 대한 독립군이 중심이 된 여러 독립군 부대가 작전상 후퇴를 하고 있는 줄도 모르고 말이죠.

봉오동은 두만강에서 40**리** 정도 떨어져 있는 계곡 지대였어요. 홍범도는 일본군이 봉오동 입구를 통과하도록 **유인**하였어요. 계획대로 일본군은 독립군이 포위하고 있는 골짜기로 들어왔어요.

'저벅, 저벅, 저벅, 저벅……'

"지금이다! 쏴라!"

잠복해 있던 독립군 연합 부대는 홍범도 장군의 명령에 따라 세 방면에서 일본군에게 총을 쏘기 시작하였어요.

승승장구: 싸움에서 이긴 기세를 타고 계속 적을 몰아치는 것을 말한다.

리: 거리의 단위로, 1리는 약 0.393km에 해당한다. (40리는 약 15.7km)

유인: 주의나 흥미를 일으켜 꾀어내는 것을 말한다.

잠복: 드러나지 않게 숨는 것을 말한다.

봉오동 전투

鳳	봉새	봉
梧	오동나무	오
洞	골짜기	동
戰	싸울	전
鬪	싸움	투

1920년 만주 봉오동에서 홍범도가 이끈 대한 독립군이 일본군을 무찌른 전투로 이 전투의 승리로 독립군의 사기가 크게 올랐다.

정규군: 나라에 소속되어 체계적인 군사 훈련을 받은 군대를 말한다.

확충: 늘리고 넓히는 것을 말한다.

"탕! 탕!"

"으악! 무슨 일이야!"

깊은 산속에서 일본군의 비명이 계곡을 타고 메아리쳤고, 저녁이 되어 구름과 안개가 자욱하게 끼었어요. 그러자 일본군은 혼란스러워하면서 자기 편을 구분하지 못하고 총을 쏘기 시작하였어요.

얼마간의 시간이 흐르고 총소리가 멈추었어요.

이 전투에서 일본군은 157명이 죽고, 더 많은 부상자가 생겼어요.

그에 반해 독립군은 4명이 죽고 약간의 부상자가 생기는 데 그쳤어요.

"우리가 이겼다!"

독립군의 함성이 봉오동 일대에 울려 퍼졌어요.

일본의 **정규군**을 상대로 큰 승리를 거둔 독립군의 사기는 크게 높아졌어요. **봉오동 전투**는 우리도 일본에 맞서 싸우면 이길 수 있다는 자신감을 갖는 계기가 되었어요. 이후 독립군은 군사 조직을 정비하고 무기를 **확충**하는 데 힘썼어요.

우리가 일본군을 무찔렀다!

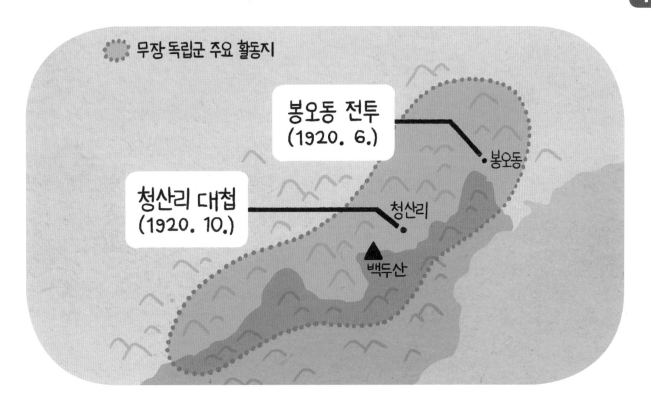

무장 독립군 주요 활동지

봉오동 전투
(1920. 6.)

청산리 대첩
(1920. 10.)

봉오동

청산리

백두산

한편 일본군은 자존심이 크게 상하였어요.

그래서 1만 5천 명이 넘는 큰 규모의 병력을 동원하여 **간도** 지역, 넓게는 만주의 독립군을 없애려고 계획하였어요.

한국 내에 주둔하고 있는 일본군 부대와 만주, 연해주의 일본군 부대를 간도로 보내 독립군을 세 방면에서 공격하여 모두 **토벌**하려 하였어요.

이 소식을 들은 홍범도의 대한 독립군과 **김좌진**의 북로 군정서군 등 독립군 부대는 일본군의 공격을 피해 백두산 쪽으로 이동하였어요.

그런데 북로 군정서군이 청산리 부근을 지나고 있을 때, 일본군이 포위망을 좁혀 오는 것이 아니겠어요?

"일본군과의 전투를 피하기가 어렵겠습니다."

참모의 의견을 들은 김좌진 장군이 말하였어요.

"그렇다면 청산리의 지형을 이용하여 작전을 펼쳐야겠소."

간도: 압록강과 두만강 북부의 만주 지역이다.

토벌: 무력으로 쳐 없애는 것이다.

참모: 지휘관을 돕는 군인 간부를 말한다.

★참고 자료

김좌진: 일제에 맞서 무장 독립운동을 한 독립운동가이자 군인이다. 독립군의 총사령관으로서 일본의 정규군과 맞선 청산리 대첩에서 승리를 이끌었다.

매복: 상대편의 상황을 살피거나 공격하려고 일정한 곳에 숨는 것을 말한다.

청산리는 산으로 둘러싸인 험한 지형에 숲이 울창한 곳이었어요. 이곳에는 한국인들이 많이 살고 있어서 독립군이 활동하기에 좋은 환경이었죠.

어느새 일본군이 독립군의 바로 뒤까지 쫓아왔어요. 하지만 걱정할 것이 없었어요! 미리 유리한 지점을 차지하고 있던 독립군은 일제의 움직임을 이미 파악하고 있었기 때문이에요.

1920년 10월, 김좌진이 이끄는 북로 군정서군은 청산리 백운평 계곡 여기저기에 **매복**하고 있다가 일본군이 들어오는 것을 보고 일제히 공격을 했어요.

기습 공격을 당한 일본군은 수백 명이 넘게 죽었어요. 그런데 뒤따라오는 일본군이 얼마나 많았는지 독립군은 다시 이동할 수밖에 없었어요.

이후 북로 군정서군은 밤새 걸어서 홍범도 장군의 부대가 있는 곳까지 이동하였어요.

홍범도 장군이 김좌진 장군의 손을 잡으며 말하였어요.

"우리 힘을 합쳐 일본군을 물리칩시다."

사실 일본군을 대적하기에 독립군은 많은 어려움을 겪고 있었어요. 군인과 무기도 부족하였지만, 군량미를 운반하는 길이 끊겨 식량이 늘 부족하였지요. 전투 기간에도 한 사람이 하루에 감자 몇 개와 쌀 한 줌으로 겨우 버티며 전투에 임할 정도로 열악한 환경이었지만 독립군 부대는 나라를 되찾겠다는 열망으로 싸웠어요.

독립군 부대는 청산리의 울창한 삼림 지역에서 6일간 10여 회의 전투를 벌여 일본군에 큰 승리를 거두었어요. 북로 군정서군과 대한 독립군을 중심으로 한 독립군의 연합으로 일본군을 크게 물리칠 수 있었지요. 이 전투를 **'청산리 대첩'**이라고 불러요.

청산리 대첩은 일본군이 간도에 출병한 이후 벌어졌던 가장 큰 전투였고, 독립 전쟁사에 가장 빛나는 승리였어요.

청산리 대첩

靑	푸를 **청**
山	뫼 **산**
里	마을 **리**
大	클 **대**
捷	이길 **첩**

1920년 김좌진이 이끄는 북로 군정서군과 홍범도가 이끄는 대한 독립군이 함께 싸워 크게 이긴 전투로 독립군이 일본군과 싸운 전투 중 가장 큰 규모였고, 가장 큰 승리를 거둔 전투이다.

ⓞ 청산리 대첩 민족 기록화(독립 기념관)

간도 참변

間 사이 **간**

島 섬 **도**

慘 참혹할 **참**

變 변할 **변**

일제가 계속 패배하자 독립군에 대한 보복으로 간도의 한인 마을에 들어가 우리 동포 수천 명을 무차별 학살하고 마을을 불태운 사건이다.

사상자: 죽은 사람과 다친 사람이다.

굴하다: 어떤 세력이나 어려움에 뜻을 굽히다.

대한 독립 군단: 1920년 12월 독자적인 활동을 하던 여러 독립군 부대가 통합 조직한 항일 독립군 부대이다.

● 청산리 대첩에서 승리한 북로 군정서군

얼마나 큰 승리였냐고요?

북로 군정서가 대한민국 임시 정부에 제출한 보고서에 따르면, 일본군은 1,200명이 넘는 **사상자**를 낸 반면에 독립군 사상자는 150여 명에 지나지 않았어요.

자신의 목숨을 돌보지 않고 용감히 전투에 임하였기에 독립군은 큰 승리를 거둘 수 있었어요.

그러나 청산리 대첩에서 패한 일제는 많은 군대를 동원하여 간도에 거주하는 한국인에게 보복을 가하고(**간도 참변**), 만주 지역 독립군의 뿌리를 뽑기 위해 대대적인 토벌 작전을 펼쳤어요. 간도 참변으로 독립군의 활동은 위축되었지만 이에 **굴하지** 않았어요.

대한 독립군, 북로 군정서군 등 여러 독립군 부대는 중국과 러시아의 국경 지역으로 이동하였고, 힘을 하나로 모으기 위해 '**대한 독립 군단**'을 결성하는 등 일본에 맞설 준비를 이어갔어요.

나라를 되찾기 위해 노력한 인물에는 누가 있을까?

우리의 문화를 지켜 내어 일제의 식민 문화 정책에 맞서고, 나아가 나라를 되찾기 위해 노력하신 분들은 누가 있는지 알아볼까?

○ 신채호(1880~1936)

신채호는 대한 제국 시기부터 이순신, 을지문덕 등 나라를 지킨 위인의 전기를 써서 애국심을 일깨우려 하였어. 일제 강점기에 중국과 연해주를 넘나들며 독립운동에 헌신한 신채호는 우리 민족의 역사를 연구하여 민족정신을 바로 세우면 독립을 이룰 것이라 생각하였지.
그래서 신채호는 고대사를 다룬 『조선 상고사』를 저술하여 일제의 역사 왜곡을 비판하는 한편, 개인의 폭력 투쟁을 통해 독립을 쟁취하려 하였던 의열단의 선언문인 「조선 혁명 선언」을 작성하기도 하였어.

이육사의 원래 이름은 이원록인데 젊은 시절에 의열단에 가입하여 활동하다가 일제 경찰에게 체포되어 감옥살이를 하게 되었어. 이때의 수감 번호였던 '264'를 따서 이름을 '육사'라고 바꾸었대.
이육사는 시를 쓰면서 꾸준히 항일 투쟁을 벌여 자주 감옥에 투옥되었어. 17번이나 옥고를 치르면서 「청포도」, 「광야」 등 시와 글을 통해 민족의식을 깨우치고 일제 식민 통치에 대한 저항 의식을 드러냈어. 그러다가 1944년 1월, 베이징의 감옥에서 순국하셨어.

○ 이육사(1904~1944)

○ 조선어 학회 회원들(1946)

조선어 학회는 우리말과 글을 연구하기 위해 만든 단체로 '한글 맞춤법 통일안'을 만들고 문맹 퇴치 운동에 적극 참여하였어.
우리말 사용을 금지한 일제에 맞서 우리말 『큰사전』을 편찬하던 중에 일제가 조작한 조선어 학회 사건으로 해체되었고, 가혹한 고문으로 이윤재, 한징 회원은 감옥에서 숨을 거두셨다고 해.

1 봉오동 전투에 대해 <u>잘못</u> 말한 두 친구를 골라 ○표 하세요.

김좌진 장군이
이끌었던 전투야.

대한 독립군이
일본군을
물리친 전투야.

일본군을 봉오동의
깊숙한 골짜기로 유인
하는 작전을 펼쳤어.

대한 독립군과
북로 군정서군이 연합하여
크게 승리했어.

서준

수지

정국

주희

2 다음 그림을 보고, 알맞은 내용에 ○표 하세요.

김좌진 장군, 우리
힘을 합쳐 일본군을
물리칩시다.

그럽시다.
홍범도 장군.

❶ 홍범도 장군이 이끌었던 부대가 일본군에 패하자 김좌진 장군과 연합하였다.

(   )

❷ 홍범도 장군과 김좌진 장군이 이끌었던 독립군 부대의 연합으로 일본군을 물
리친 전투를 청산리 대첩이라고 한다. (   )

3 다음 인물 카드를 보고, 업적에 해당하는 인물은 누구인지 이름을 써 보세요.

( )

- 대한 독립군의 총사령관이 되어 국
  내 진입 작전을 전개하였다.
- 봉오동에서 일본군에게 큰 승리를
  거두었다.

( )

- 북로 군정서군의 총사령관이 되어
  독립운동을 이끌었다.
- 일본군을 크게 무찌른 청산리 대첩
  을 지휘했다.

( )

- 역사학자로 독립운동에 참여하였다.
- 이순신, 을지문덕 등 나라를 지킨
  위인의 전기를 써서 민족의 애국
  심을 일깨워 주었다.

( )

- 시인이자 독립운동가이다.
- 의열단에 가입하여 활동하였다.
- 항일 저항시인 「청포도」, 「광야」 등
  을 남겼다.

1 다음 지도는 만주에서 일본군에 맞서 전투를 벌였던 지역을 나타내고 있어요. (가), (나)에 들어갈 전투 이름을 쓰고, 독립군이 만주에 자리 잡았던 까닭을 써 보세요.

tip 많은 한국인이 조국을 떠나 국외에 살았던 까닭은 일제의 침략과 관련이 있어.

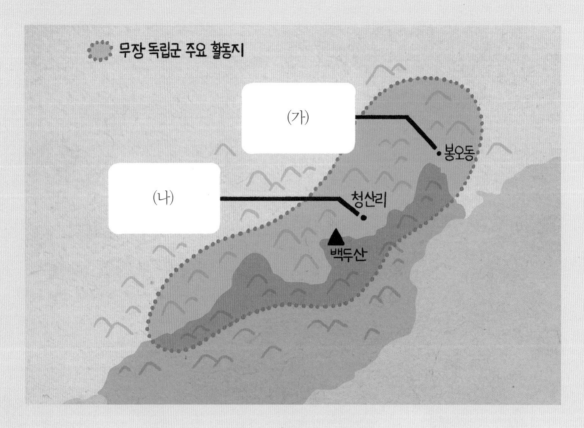

무장 독립군 주요 활동지

(가)
봉오동

(나)
청산리

백두산

(가):

(나):

독립군이 만주에 자리 잡았던 까닭

2 다음 두 자료를 읽고, 청산리 대첩에서 승리할 수 있었던 까닭과 영향을 써 보세요.

tip 청산리 대첩은 독립군이 거둔 가장 큰 승리였어.

전투 보고서

- **수신**: 대한민국 임시 정부
- **발신**: 북로 군정서

  1920년 10월 21일부터 6일간 청산리 부근에서 일본군과 10여 차례 전투를 벌여 다수의 적을 살상하고 우리 군의 피해는 최소화하였다.
- **일본군 사상자**: 연대장 1명, 대대장 2명, 기타 장교 이하 1,254명, 부상 200여 명
- **우리군 사상자**: 전사자 60명, 부상자 90여 명

간도 동포들의 노력과 희생

교전은 아침부터 저녁까지 계속되었다. 굶주림! 그러나 이를 의식할 시간도 먹을 시간도 없었다. 마을 아낙네들이 치마폭에 밥을 싸 가지고 빗발치는 총알 사이로 산에 올라와 한 덩이 두 덩이 동지들 입에 넣어 주었다.

– 이범석, 『우등불』

1 까닭	2 영향

3 나라를 되찾기 위해 노력한 인물들 중 한 명을 선택하여 고마운 마음을 담아 상장을 수여해 보세요.

tip 인물의 업적을 통해 다양한 독립운동을 살펴볼 수 있어.

⊙ 홍범도

⊙ 김좌진

⊙ 신채호

⊙ 이육사

상

_____

이름: _____

위 사람은 _____

_____

_____

_____

_____ 이 상장을 수여합니다.

20○○년 ○○월 ○○일

○○ 초등학교 ○○○

4 2020년은 봉오동 전투와 청산리 대첩이 일어난 지 100주년이 되는 해예요. 자료를 참고하여 100주년 기념 우표를 그려 보고 빈칸을 채워 보세요.

◎ 홍범도 장군 탄생 150주년(2018) 우표

◎ 청산리 대첩 민족 기록화

제목	
디자인 요소	
발행 목적 및 의도	

4 나라를 되찾기 위해 싸우다

이때는 말이야~

5-2 2. 사회의 새로운 변화와 오늘날의 우리
② 일제의 침략과 광복을 위한 노력

김구가 조직한 단체로, 이봉창과 윤봉길이 단원으로 활동했어.

일제가 중국 전체를 차지하려고 일으킨 전쟁이야.

한인 애국단 조직
1931

◉ 이봉창

◉ 윤봉길

중일 전쟁 발발
1937

1932

이봉창, 윤봉길 의거

일제를 향해 폭탄을 던졌어!

◉ 김구

대한민국
임시 정부가
창설한 군대야.

일제에게 빼앗겼던
우리나라 주권을
되찾았어.

8·15 광복
1945

1940

**한국 광복군
창설**

만세! 대한독립 만세! 광복이다!

1948
대한민국 정부
수립

○━ 키워드

의거

義 옳을 의

擧 들 거

정의를 위하여 개인
이나 집단이 의로운
일을 도모하는 것을
말한다.

안공근: 안중근 의사의 동
생이자 독립운동가이다.

한인 애국단: 1931년 김
구가 일본의 주요 인물을
암살하려는 목적으로 조
직한 독립운동 단체이다.

일원: 단체에 소속된 한
구성원을 말한다.

원흉: 못된 짓을 한 사람
들의 우두머리를 말한다.

○ 윤봉길 의사

해설자 1930년대 이후 우리 민족의 독립을 위해 싸웠던 윤봉길과 김
구, 한국 광복군의 이야기이다.

1막 윤봉길의 선서

1932년 4월 26일, 상하이 **안공근**의 집에서 김구와 윤봉길은 한쪽 벽면의
태극기를 바라본다.

윤봉길 나는 참된 정성으로 조국의 독립과 자유를 회복하기 위하여
한인 애국단의 **일원**이 되어 적의 장교를 처단하기로 맹세합
니다. 선서인 윤봉길.

김구 축하하네. 윤 군의 **의거**는 개인의 행동이 아니라 우리 민족 전
체의 의사를 대표하는 것임을 명심하게.

윤봉길 알겠습니다.

김구 사진을 몇 장 남기세. 여기 서 보시게나. ('찰칵! 촤르르르')

해설자 4월 28일 정오 무렵, 윤봉길은 내일의 거사 현장을 답사하고
자 훙커우 공원을 찾았다. 일본군 역시 내일
행사의 예행 연습이 한창이었다. 폭탄을 던
질 위치를 계획하던 그때 **원흉** 시라카와가
눈에 들어왔다.

윤봉길 지금 내 손에 폭탄이 있었다면 바로
처단할 수 있었을 텐데!

윤봉길, 아쉬움을 뒤로하고 내일을 위해 발길
을 돌린다.

2막 상하이의 한 모퉁이

4월 29일 거사 당일, 김구와 윤봉길이 서 있다.

김구   자네의 목숨은 머지 않아서 이 세상을 떠날 것이네. 나는 조국의 광복과 민족의 자
유를 위하여 위대한 희생자가 되려는 윤 군의 성공을 비네. 우리의 적은 왜놈뿐이
니 다른 나라 사람에게 피해가 가지 않도록 각별히 조심하게.

윤봉길   명심하겠습니다.

김구   (윤봉길에게 폭탄을 건네며) 자! 여기 폭탄 2개가 있네. 한 개로는 적장을 쓰러뜨리
고 또 한 개로는 자네 목숨을 끊게나.

윤봉길   (폭탄을 꽉 쥔 후, 김구를 바라보며) 분부대로 하겠습니다. 선생님께서는 민족을 위해
몸을 지키시고 끝까지 싸워주십시오.

말을 마치며 윤봉길은 김구의 낡은 시계를 물끄러미 바라본다.

윤봉길   제 시계는 6원에 샀는데 선생님 시계는 2원짜리이니
저와 바꾸시지요. 저는 이제 시계를 한 시간밖에 쓰
지 못합니다.

두 사람은 시계를 주고받는다.

김구   (떨리는 목소리로) 윤 군과 나는 후일 지하에서 만나세!

상하이 사변: 상하이에서 반일 감정이 고조되어 중국인과 일본인 사이에 갈등이 발생하자, 1932년 1월 대규모의 일본군이 쳐들어와 상하이를 점령한 사건이다.

거류민: 남의 나라 영토에 머물러 사는 사람을 말한다.

장제스: 당시 중국 국민당 정부의 최고 지도자이다.

3막 훙커우 공원

<u>해설자</u> 같은 날 훙커우 공원에서 일본 왕의 생일 축하와 **상하이 사변** 승전 기념식이 열리고 있었다. 단상 위에는 일본군 최고 사령관 시라카와 대장과 상하이 일본 **거류민** 단장, 노무라 해군 중장 등 일제의 주요 인사들이 서서 일본 국가를 부르고 있었다. 많은 인파가 몰린 가운데 윤봉길이 숨죽이며 서 있다.

<u>윤봉길</u> 기회는 한 번 뿐이니, 반드시 성공해야 한다.

일본의 국가가 끝날 무렵, 윤봉길은 사람들을 헤치고 앞으로 나아가 단상 위로 폭탄을 던진다.

"콰콰콰콰쾅! 퍼퍼펑!"

엄청난 폭발음과 함께 폭탄이 터지면서 파편이 사방으로 튀었다.

<u>군중</u> (곳곳에 비명 소리가 들리며) 으악, 살려줘!

<u>해설자</u> 기념식장은 순식간에 아수라장이 되었고 윤봉길은 일제 헌병에게 곧바로 체포되었다. 윤봉길의 의거로 일제의 주요 인물이 죽거나 다쳤다. 중국의 **장제스**는 윤봉길의 의거를 이렇게 평가하였다.

장제스 (윤봉길 의거에 감명을 받으며) 100만 중국군이 못한 일을 조선의 청년이 해냈다!

해설자 이로 인하여 중국은 대한민국 임시 정부의 활동을 적극적으로 지원하게 되었다.

중일 전쟁

中	가운데	중
日	날	일
戰	싸움	전
爭	다툴	쟁

1937년 7월부터 일본의 침략으로 중국 전역에서 전개된 전쟁이다. 1945년 제2차 세계 대전에서 일본이 연합국에 항복할 때까지 계속되었다.

4막 중일 전쟁

1937년 7월, 대한민국 임시 정부 요원이 황급히 들어오며 말한다.

요원1 일본군이 대규모로 상하이를 공격하고 있답니다.

요원2 이곳도 더 이상 안전하지 않겠구려.

해설자 대한민국 임시 정부는 일제의 감시를 피해 중국 깊숙한 곳으로 계속 이동하였다. 중일 전쟁 중에 중국의 저항이 거세지자 일본군은 중국 난징에서 수많은 사람을 무자비하게 죽이는 만행을 저질렀다(**난징 대학살**).

★ 참고 자료

난징 대학살: 1937년 12월, 중일 전쟁 때 일본군이 중국의 수도였던 난징을 점령하고, 중국군 포로와 중국인들을 대상으로 저지른 잔인한 학살 사건이다.

5막 민족 말살 정책

전쟁이 확대되면서 일제는 본격적으로 인력과 물자를 수탈하기 시작하였다.

한국인1 (고개를 저으며) 일제의 욕심이 끝이 없소.

한국인2 (고개를 끄덕이며) 전쟁이 끝날 기미가 안 보입니다. 일제가 전쟁에 한국인을 동원하려고 한다면서요?

해설자 당시 일제는 조선과 하나라고 주장하면서 한국인들을 전부 일본 천황에게 충성하는 국민으로 만들려고 하였다. 한국인을 일본인으로 만들어 한국인을 쉽게 전쟁에 내보낼 준비를 하였다.

신사: 일본 왕실의 조상
신이나 국가에 공을 세
운 사람을 신으로 모신
사당이다.

참배: 신이나 부처에게
절하는 것이다.

황국 신민 서사: 일제 천
황에게 충성을 다하겠다
는 맹세의 글이다.

일본군 '위안부': 일본군
을 위해 강제로 끌고 간
우리나라 여성을 말한다.
일제는 중일 전쟁 등에
수십만 명을 강제로 끌
고갔다.

한국인1 **(한숨을 내쉬며)** 전국에 **신사**를 세워 놓고 강제로 **참배**하게 하거나 '**황국 신민 서사**'를 암송하게 하고, 일본식으로 성과 이름을 바꾸라고 강요하고 있다더군(일본식 성명 강요).

한국인2 정말로 우리 민족을 다 없앨 작정인가 봅니다.

해설자 이후 일제는 침략 전쟁을 확대하면서 청년을 전쟁터로 내몰았고, 강제로 한국인을 동원하여 탄광 같은 힘든 곳에서 임금이나 먹을 것도 제대로 주지 않고 일하게 하였다. 또한 전쟁 물자를 공급하기 위해 놋그릇이나 농기구까지 전국의 각종 자원을 빼앗아 갔다. 심지어 여성도 강제로 동원하여 노동력을 착취하였고, 그중 상당수를 **일본군 '위안부'**로 끌고 가 끔찍한 삶을 강요하였다.

한국인2 **(이를 악물며)** 나쁜 놈들 …… 어떻게 그럴수가.

한국인1 이렇게 무리한 전쟁을 계속할 수는 없을 걸세. 우리도 일제의 패망에 대비하여 군대를 조직하는 것이 시급하네.

우리는 대일본 제국의 신민입니다. 우리는 마음을 합하여 천황 폐하에게 충의를 다합니다.

⊙ 황국 신민 서사 암송

일본식으로 이름을 바꾸지 않으면 자식을 학교에 입학 시킬 수 없게 한다는구먼.

⊙ 일본식 성명을 강요 당하는 한국인들

6막 한국 광복군의 창설

해설자 1940년 9월, 여러 번의 이동 끝에 중국 충칭에 정착한 대한
민국 임시 정부는 김구 등을 중심으로 한국 광복군이라는 정
식 군대를 창설하였다. 소식을 듣고 중국 곳곳에 흩어져 무장
투쟁을 하던 독립군들이 모였다. 신흥 무관 학교 출신들도 많
았다.

김구, 기념식장 단상 앞에 선다.

김구 대한민국 임시 정부는 대한민국 22년 9월 17일, 한국 광복군
총사령부의 창설을 선언합니다! 우리는 한국과 중국, 두 나라
공동의 적인 일본 제국주의를 타도하고 독립을 회복하기 위
해 **연합국**의 일원으로 항전할 것입니다!

해설자 이후 한국 광복군은 많은 한국인들이 합류하면서 조직력이 강
해졌고, 연합군의 일원으로 전쟁에 참여하였다.

한국 광복군

韓	나라	한
國	나라	국
光	빛	광
復	회복할	복
軍	군사	군

1940년 중국 충칭에 서 창설된 대한민국 임시 정부의 군대로, 태평양 전쟁 발발 이후 연합군의 일원으로 참전하였다. 또한 우리 힘으로 독립을 회복하기 위해 국내 진공 작전을 준비하였다.

연합국: 제2차 세계 대전 당시에 독일, 이탈리아, 일본과 싸운 미국, 영국, 중국, 소련 등 여러 나라를 가리킨다.

한국 광복군
총사령부의 창설을
선언합니다.

김구

독수리 작전: 국내 진공 작전이라고도 한다. 1945년 한국 광복군은 미군의 도움을 받아 잠수함이나 항공기로 국내에 침투하여 무장 투쟁의 거점을 확보하려 하였으나 일제가 연합군에 항복함으로써 무산되었다.

진공: 적을 치기 위하여 앞으로 나아가는 것을 말한다.

잠입: 몰래 숨어 들어가는 것이다.

7막 '독수리 작전'과 일제의 패망

해설자 한국 광복군은 미군에게 국내 **진공**에 필요한 특수 훈련을 받아 먼저 한반도로 **잠입**하고, 연합군이 들어올 수 있도록 지원할 계획을 세웠다. 그리고 1945년 8월 초, 드디어 첫 번째 부대의 훈련이 끝났다.

한국 광복군1 (기대에 가득찬 목소리로) 고생 많았네. 곧 미군 잠수함을 타고 국내에 들어가게 될 걸세. '독수리 작전'의 성공을 비네.

한국 광복군2 네. 반드시 우리 힘으로 일본군을 몰아내겠습니다.

그러나 일주일이 못 되어 일제의 무조건 항복 소식이 전해진다.

김구 (크게 탄식하며) 기쁜 소식이라기보다 하늘이 무너지는 듯한 일이오. 수년 동안 전쟁에 참여할 준비를 한 것도 헛일이 되었고, 우리 손으로 당당하게 나라를 찾을 기회를 잃었으니…….

해설자 일제의 패망으로 독수리 작전은 실행되지 못하였지만, 끊임 없는 독립운동의 결과로 우리 민족은 광복을 맞이할 수 있었다.

막이 내린다.

◉ 한국 광복군의 모습

일본군 '위안부' 피해자들의 수요 시위

○ 끌려감(故 김순덕 피해 할머니 그림)

일제는 침략 전쟁을 확대하면서 많은 여성을 강제로 일본군 '위안부'로 끌고 갔어. 여성들은 일본군에게 몸과 마음에 깊은 상처를 입었지. 일제는 패망하였지만, 일본군 '위안부' 피해자들은 오랜 시간 동안 고통을 받았어. 1991년 8월 14일, 故 김학순 할머니는 생존자 중 최초로 피해 사실을 공개 증언하였고, 일본군 '위안부' 문제가 인권 문제로서 국내외에 알려졌어.

1992년 1월 8일, 일본군 '위안부' 문제에 대한 일본의 공식적인 사죄와 배상을 요구하기 위해 주한 일본 대사관 앞에서 수요 시위가 시작되었어. 지금도 매주 수요일마다 계속되고 있어. 하지만 일본은 진정한 사죄는커녕 명확한 사실조차도 인정하지 않고 있어.

○ 수요 시위 모습

할머니 형상의 그림자와 나비
오랜 시간 풀리지 않는 한과 돌아가신 할머니들이 다시 태어나 한을 풀기를 바라는 염원을 상징해.

빈의자
우리가 소녀와 함께 앉아 공감할 수 있는 자리야.

맨발과 발꿈치가 들려 있는 모습
도망가지 못하도록 신발을 빼앗긴 것과 고향에 돌아왔지만 편히 정착하지 못한 할머니들을 상징해.

○ 평화의 소녀상

머리카락
강제로 부모, 고향과 단절되었음을 상징해.

주먹 쥔 손
일본으로부터 사과를 받겠다는 의지의 표현이야.

새
자유와 평화의 상징이자 세상을 떠난 할머니들과 우리의 연결고리야.

1 다음 가로 세로 풀이를 읽고, 십자말 풀이를 해 보세요.

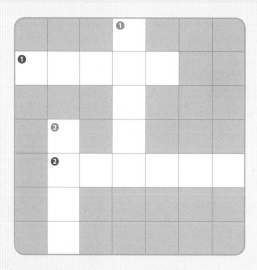

가로 풀이

❶ 김구가 조직한 단체로 이봉창과 윤 봉길 의사가 활약함.

❷ 일본군을 위해 강제로 끌고 간 우 리나라 여성을 가리키는 말

세로 풀이

❶ 1940년 대한민국 임시 정부가 창 설한 군대

❷ 1937년 일본이 중국 본토 전체를 차지하기 위해 일으킨 전쟁

2 선생님의 질문에 알맞게 대답한 학생을 모두 골라 ○표 하세요.

일제가 한국인을 일본 왕에게 충성하는 국민으로 만들기 위해 실시한 일은 무엇인가요?

조선 총독부 건물에 참배할 것을 강요했어요.

일본과 조선이 하나라고 주장했어요.

성과 이름을 일본식으로 바꾸게 했어요.

3 대한민국 임시 정부의 활동을 중심으로 1930년대와 1940년대 민족 운동을 정리해 보세요.

대한민국 임시 정부의 활동

1930년대	1940년대

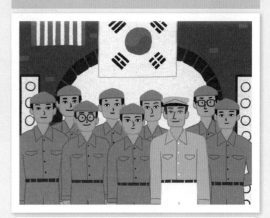

- (   )은/는 1931년에 중국 상하이에서 김구 주도로 조직한 단체이다.

- 이 단체에서 활동한 윤봉길은 1932년 상하이 (   ) 에서 일본군 총사령관을 향해 폭탄을 던졌다.

- 윤봉길의 의거로 인해 중국 국민

당 정부는 ------------------------

- (   )은/는 1940년에 중국 충칭에서 창설된 군대이다.

- 대한민국 임시 정부의 정규군이 었으며, 연합군의 일원으로 전쟁에 참여하여 일본에 맞섰다.

- 이 군대는 1945년 미군의 도움을 받아 (   )을/를 펴기로 계획하였으나 일본의 무

조건 항복으로 ------------------

1 김구와 윤봉길의 의거 당일 모습이에요. 폭탄을 건네주고, 받은 두 인물은 어떤 대화를 했을지 상상해서 써 볼까요? 그리고 윤봉길의 의거가 독립운동에 미친 영향을 써 보세요.

tip 민족의 독립을 위해 자신을 희생하기로 결심하는 독립운동가들의 마음을 생각해 봐.

김구   윤봉길

3 윤봉길의 의거가 독립운동에 미친 영향

2 일제는 1937년부터 '황국 신민 서사'를 만들어 한국인들이 외우도록 강요하였어요.

tip 우리 민족정신을 말살하여 한국인을 일본인으로 만들기 위한 방법이었대.

황국 신민의 서사(아동용)
1. 우리는 대일본 제국의 신민입니다.
2. 우리는 마음을 합하여 천황 폐하에게 충의를 다합니다.
3. 우리는 인고 단련하여 훌륭하고 강한 국민이 되겠습니다.

용어 설명

• **황국 신민**: 일본 천황이 다스리는 나라의 신하 된 백성
• **충의**: 충성과 의리
• **인고**: 괴로움을 참음.
• **단련**: 몸과 마음을 굳세게 함.

❶ 일제는 왜 어린 학생들에게 '황국 신민 서사'를 강제로 외우게 했을까요?

----

❷ 이 외에도 일제가 우리 민족을 없애기 위해 강요한 정책은 무엇이 있을까요?

----

3 다음은 한국 광복군이 준비하였던 독수리 작전(국내 진공 작전)이 실행되지 못하자 김구가 쓴 글이에요. 글을 읽고 물음에 답해 보세요.

tip 국내 진공 작전이 무산되었을 때 김구는 어떤 마음이었을까?

일본이 항복했다니!
기쁜 소식이라기보다는
하늘이 무너지는 듯한 일이오.

> 훈련을 받은 우리 청년들에게 여러 가지 무기를 주어 산둥에서 미국 잠수함에 태워 본국으로 들여보내어 국내의 중요한 곳을 파괴하거나 점령한 뒤에 미국 비행기로 무기를 운반할 계획을 해보지도 못하고 왜적이 항복하였으니……
>
> – 김구, 『백범일지』 일부

1 왜 김구에게 '일제의 항복'은 기쁜 소식이 아니었을까?

2 만약 한국 광복군이 국내에 침투하여 작전이 성공했다면, 역사가 어떻게 바뀌었을까?

4 다음은 일본군 '위안부' 관련 수요 시위 모습과 '평화의 소녀상'이에요. 일본군 '위안부' 문제에 대해 생각해 보고, 피해 할머니에게 힘이 되는 말을 써 보세요.

tip 나비 모양은 돌아가신 피해자 할머니들의 환생을 의미해.

⊙ 수요 시위 모습

⊙ 평화의 소녀상: 일본군 '위안부' 피해자 할머니들을 기리고 올바른 역사 의식을 전하기 위해 세운 동상이다.

지난 1992년 1월, 일본 총리의 방한에 맞추어 일본군 '위안부' 문제에 대한 일본의 공식적인 사죄와 배상을 요구하기 위해 일본 대사관 앞에서 수요 시위가 시작되었고, 지금까지 이어지고 있다.

★ 3·1 운동이 일어난 현장이에요. 일제의 탄압에 맞서 사람들이 태극기를 흔들며 대한 독립 만세를 외치고 있어요. 태극기 중에 잘못된 태극기를 다섯 군데 찾아 ○표 하세요.

▶〈가이드북〉 14쪽에 답이 있어요.

5 8·15 광복을 맞이하다

 이때는 말이야~

한국 광복군
창설

1940

대한민국 임시 정부가
만든 정식 군대야.

1945. 8.

8·15 광복

드디어 일제의
지배와 억압으로부터
벗어났어!

모스크바 3국 외상 회의
개최

1945. 12.

한반도 문제를 논의하기 위해
모스크바에서 미국, 소련, 영국이
진행한 회의야.

우리나라의 임시 정부
수립을 돕기 위해서 미국과
소련의 대표자 회의가 열렸어.

대한민국 정부
수립

1948

나 이승만,
대한민국 정부 수립을
선포합니다.

1946
미소 공동 위원회
개최

1950
6·25 전쟁
발발

🔑 키워드

독립

獨 홀로 **독**

立 설 **립**

다른 것에 예속하지
아니한 상태이다.

건곤감리: 태극기의 사
방을 감싸고 있는 괘의
이름으로 하늘 건, 땅 곤,
구덩이(물) 감, 떨어질
(불) 리를 말한다.

⭐ **참고 자료**

1945년 8월 15일, 일본
왕이 연합국에 무조건
항복하겠다고 선언하면
서 우리 민족은 광복을
맞이하였다.

늦잠을 자던 만복이는 밖에서 들리는 큰 소리에 잠에서 깨었어요.

"대한 **독립** 만세!"

'독립이라고?' 만복이는 꿈인줄 알고 다시 잠을 청하려 했지만, 소
리가 점점 커지는 것이 아니겠어요?

밖으로 나가 보았더니, 거리에는 이미 사람들로 가득 차 있었어요.

기뻐하는 사람들이 대부분이었지만, 어리둥절해 보이는 사람도 있
었어요.

"일본 왕이 항복 선언을 했다던데."

"내가 라디오에서 연설하는 것을 똑똑히 들었다고!"

더 신기했던 건, 사람들의 손에 태극기가 들려 있다는 사실이었어
요. 이 많은 태극기가 어디서 났을까요? 곧 알아차린 만복이는 집으
로 돌아가 일장기를 꺼내 색칠을 하기 시작했어요.

가운데 동그란 부분 아래쪽을 검은색으로 절반을 칠하니 태극 문양
과 비슷했고, **건곤감리**까지 그려 넣으니 제법 태극기 같았어요.

"대한 독립 만세!"

만세를 외치면서도 만복이는 실감이 잘 나지 않았어요. 그렇지만 더 이상 우리말을 큰 소리로 외쳐도, 태극기를 마음껏 흔들어도 혼나지 않는다는 사실에 기뻤지요.

시내를 나가보니 부랴부랴 짐을 챙겨 도망치듯 떠나는 일본 사람들이 보였어요. 그동안 일본 사람만 보아도 잔뜩 겁을 먹었던 만복이는 통쾌한 기분이 들어 크게 웃었지요.

광복

光 빛 **광**
復 회복할 **복**

빼앗긴 주권을 도로 찾은 것으로, 1945년 8월 15일 우리나라는 일제에게 빼앗겼던 나라의 주권을 다시 찾았으며, 이날이 바로 광복절이다.

★ **참고 자료**

여운형: 일제 강점기의 독립운동가로, 광복 직후 조선 건국 준비 위원회를 만들어 정부 수립을 준비하였다.

해방: 구속이나 억압, 부담에서 벗어나게 하는 것을 말한다.

1945년 8월 15일, 드디어 우리 민족은 **광복**을 맞아 일제의 지배와 억압으로부터 벗어났어요.

며칠 후, **여운형**을 비롯한 민족 지도자들이 새로운 나라를 세우기 위해 노력하고 있다는 소식이 들렸어요.

"아빠, 이제 우리 민족을 위한 나라가 세워지겠지요?"

"그래. 그토록 기다리던 **해방**이라니, 정말 꿈만 같구나."

아버지와 이야기를 나누던 만복이는 가슴이 벅차오르는 것을 느꼈어요. 그러나 광복의 기쁨은 그리 오래가지 못하였어요.

信 믿을 **신**
託 부탁할 **탁**
統 거느릴 **통**
治 다스릴 **치**

국제 연합(UN)의 위임을 받은 나라가 일정한 지역을 대신 통치하는 제도를 말한다. 혼란이 우려되는 지역을 다스림으로써 안정적인 정치 질서를 수립하고자 하였다.

북위: 적도부터 북극까지의 위도로, 적도는 0도가 되고, 북극이 90도가 된다. 위도는 지구 위의 위치를 나타내는 좌표축 중에서 가로로 된 것을 말한다.

38도선: 지구 위의 위치를 나타내는 좌표축 중에서 가로로 된 위도 38도를 가리킨다. 광복 직후에 한반도에 소련군과 미군이 들어와 38도선을 기준으로 나누어 점령하였다.

군정: 군이 나라를 임시로 지배하는 것을 말한다.

외상: 국가에서 외교 정책을 맡는 부서의 대표이다.

9월이 되자 미군들이 많이 보였어요. 사람들은 미군이 자유와 먹을 것을 주기 위해 온 것이라 생각해 환영했는데 착각이었어요.

미군과 소련군은 우리나라 사람들이 나라를 세우기 위해 노력한 것을 전혀 인정하지 않았고, **북위 38도선**을 기준으로 한반도를 둘로 나누어 남쪽은 미국이, 북쪽은 소련이 점령하였어요. 그리고 미군과 소련군은 각각 **군정**을 실시하였어요. 남과 북이 나뉘게 되는 중요한 원인이 되었어요.

대한민국 임시 정부도 그동안의 노력을 인정받지 못하였어요. 독립운동을 이끌었던 이승만과 김구는 독립된 나라를 만들기 위해 서둘러 귀국하였어요.

12월, 연합국인 미국, 영국, 소련의 외무 장관들은 **모스크바 3국 외상 회의**를 열어 한반도에 임시 정부를 세우고, 연합국들이 한반도를 **신탁 통치**하기로 결정하였어요.

신문을 보시던 아버지가 놀라며 말씀하셨어요.

"이게 무슨 말이야! 신탁 통치라니!?"

"아빠, 신탁 통치가 뭐예요?"

"다른 나라가 우리나라를 얼마 동안 대신 다스리겠다는 뜻이야. 소련은 신탁 통치를 주장했고, 미국은 즉시 독립을 주장했다는구나."

모스크바 3국 외상 회의 결정 사항(1945. 12. 27.)
- 한국을 독립 국가로 재건하기 위해 임시 정부를 수립할 것
- 이를 위해 미소 공동 위원회를 구성할 것
- 최고 5년간 4개국(미·영·중·소)의 신탁 통치를 실시하되, 방안은 임시 정부와 협의할 것

모스크바 3국 외상 회의 결정에 대한 이 날의 보도는 잘못된 내용이었지만, 이로 인해 많은 사람들이 소련에 대한 거부감을 갖게 되었어요.

사실은 미국이 최고 10년의 신탁 통치를 제안하였고, 소련은 임시 정부 수립과 **미소 공동 위원회** 개최를 주장하였어요.

많은 사람들은 일본의 지배에서 간신히 벗어났는데 다른 나라가 또다시 우리를 지배할까 봐 **우려**하였어요. 그런데 신탁 통치를 빠른 독립을 위한 지원으로 받아들여 결정 내용을 지지하는 사람들도 나타났어요.

"신탁 통치를 반대한다!"

"모스크바 3국 외상 회의의 결정을 지지한다!"

모스크바 3국 외상 회의의 결정에 따라 미국과 소련은 우리나라에 임시 정부를 수립하기 위해 미소 공동 위원회를 개최하였는데 미국과 소련도 입장 차이를 좁히지 못하고 성과없이 중단되었어요.

결국 미국은 **국제 연합(UN)**에 우리나라 문제를 넘겼어요.

'독립이 되면 모두 행복할 줄 알았는데……'

◎ 신탁 통치 반대 시위

◎ 모스크바 3국 외상 회의 결정 지지

남북 협상

南	남녘 **남**
北	북녘 **북**
協	도울 **협**
商	장사 **상**

1948년 4월 평양에서 남한 대표자 김구, 김규식과 북한 대표자 사이에 열린 협상이다. 남한만의 단독 정부 수립을 반대하고 남북 통일 정부 수립을 위해 협상했으나 실패로 끝났다.

"뉴스 속보입니다. 국제 연합에서 인구에 비례하여 남북한 총선거를 실시하여 한국에 정부를 수립하기로 결정했다는 소식입니다."

"우아!"

라디오에서 뉴스를 듣던 만복이는 자기도 모르게 환호성을 질렀어요. 국제 연합의 결정대로라면 우리나라에도 그토록 기다리던 정부가 세워질 것이 아니겠어요? 그런데 북한과 소련에서는 국제 연합의 결정을 거부했어요. 그렇게 되면 통일된 정부를 세우지 못하는데……, 결국 국제 연합에서는 남한만의 총선거를 하기로 결정했어요.

당시 이승만은 통일 정부 수립이 어렵다면 남한만이라도 정부를 수립해야 한다고 주장을 했었기에 국제 연합의 결정을 환영했어요.

그러나 김구는 남북이 분단될 위기라고 생각했기 때문에 남한만의 총선거를 반대했어요. 그래서 김구는 김규식과 함께 평양에 다녀오기도 했지만(**남북 협상**) 성과를 거두지 못했어요.

미국과 소련이 한반도에서 대립하는 가운데 통일 정부 수립은 점점 더 어려워졌어요.

이제 무기한 연기된 회의가 재개될 기색도 보이지 않으며 통일 정부를 몹시 기다리지만 잘되지 않으니, 우리 남쪽만이라도 임시 정부 혹은 위원회 같은 것을 조직해 38 이북에서 소련이 물러나도록 세계의 여론에 호소해야 할 것이니, 여러분도 결심해야 할 것이오.

이승만

한국이 있어야 한국 사람이 있고, 민주주의도 공산주의도 또 무슨 단체도 있을 수 있는 것이오. 그러면 우리의 자주독립적 통일 정부를 수립해야 하는 이때에 어찌 개인이나 자기 집단의 욕심을 탐해 국가 민족의 백 년 계획을 그르칠 사람이 있으리오.

김구

1948년 5월 10일은 총선거가 있는 날이었어요(**5·10 총선거**). 남한만의 선거라 많이 아쉬웠지만, 첫 번째 민주 선거가 치러지는 날이라 만복이는 한껏 들뜬 마음으로 아버지를 따라 투표장으로 향하였어요.

이른 아침인데도 투표장에 길게 줄을 선 사람들을 보며 만복이는 새로운 나라에 대한 기대가 더욱 커졌어요.

"분명 멋지고 대단한 정부가 탄생할 거야!"

이 날의 선거는 헌법을 만들 제1대 국회 의원을 뽑는 선거였고, 95%가 넘는 높은 투표율을 기록하였어요.

"아버지, 투표 잘하셨어요?"

"그럼, 잘했지. 글자를 읽지 못해 걱정했는데 투표용지에 막대기 그림이 표시되어 후보를 쉽게 알아볼 수 있었어."

◑ 5·10 총선거 포스터(국립 민속 박물관)

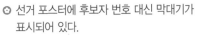

◑ 선거 포스터에 후보자 번호 대신 막대기가 표시되어 있다.

◑ 5·10 총선거에 참여한 사람들의 모습

조선 민주주의 인민 공화국: 1948년 9월 9일, 한반도 북위 38도선 이북에 세워진 정부이다.

총선거로 구성된 **제헌** 국회의 국회 의원들은 나라 이름을 '**대한민국**'으로 정하고, 7월 17일에 **헌법**을 공포하였어요. 헌법에 따라 국회 의원들은 이승만을 초대 대통령으로 뽑았어요.

제헌 헌법(1948. 7. 17.)

• 대한민국은 민주 공화국이다.
• 대한민국의 주권은 국민에게 있고 모든 권력은 국민으로부터 나온다.
• 대한민국의 영토는 한반도와 그 부속 도서로 한다.
• 모든 국민은 균등하게 교육을 받을 권리가 있다.

광복을 맞은 지 3년째 되는 날, **1948년 8월 15일**은 온 나라가 축제 분위기였어요.

바로 대한민국 정부가 수립되는 날이었기 때문이죠.

대한민국 임시 정부의 전통을 잇는 우리 민족의 정부가 세워지다니! 만복이도 태극기를 들고 행진한 가운데 참여하였어요.

"대한민국 만세! 정부 수립 만세!"

우리 민족의 큰 소원이었던 독립 정부가 드디어 세워졌어요. 한편 1948년 9월에 북한에도 **조선 민주주의 인민 공화국**이 수립되면서 우리 민족은 남과 북으로 나누어지게 되었어요.

◎ 대한민국 정부 수립 국민 축하식(독립 기념관)

광복 이후에 학교생활은 어떻게 달라졌을까?

일제의 식민 지배로부터 해방된 우리 민족의 기쁨을 고스란히 느낄 수 있는 글이야. 광복 이후에 사람들의 삶은 크게 바뀌었어. 학생들의 학교생활은 어떻게 바뀌었을까?

나는 참으로 놀라운 광경을 목격했다. 극장 앞길을 메운 군중은 수백 명이 넘었는데 이들은 언제 준비했는지 조선 독립 만세라고 쓰인 현수막을 앞세우고 만세 삼창을 외치면서 행진하고 있었다. …… 나는 그 후 여러 날 동안 잠을 잊은 채 그 흥분의 도가니 속에 빠지게 되었다.
– 임명방, 『내가 겪은 해방, 인중 시절과 태극기에 대한 기억』

광복 후 처음 등교하는 날, 우리는 교과서도 없이 강의를 받았다. 생전 처음으로 우리말 국어 강의를 받은 그날의 환희와 감격은 정말 벅찼다. 학생들의 눈은 초롱초롱 빛났고 그 누구의 숨소리조차도 들을 수 없을 만큼 교실 안은 쥐 죽은 듯 조용했다. 이때만큼 열심히 수업받기는 평생 처음이었다.
– 광복 당시 어느 학생의 회고담

일본인 선생님들이 일본으로 돌아갔고, 우리나라 선생님께 우리 역사를 배울 수 있게 되었어.

아침마다 외워야 했던 황국 신민 서사를 더 이상 외울 필요가 없어졌어.

일본식 이름이 아닌, 한글로 된 내 이름을 다시 찾았어.

우리말과 글을 쓸 수 있고, 우리말로 된 노래를 부를 수 있게 되었어.

1 다음 빈칸에 들어갈 알맞은 말을 써 보고, 글자판에서 찾아 ⬭해 보세요.

❶ 광복 직후 미국과 ○○이/가 북위 38 도선을 기준으로 한반도를 점령했다.

❷ 다른 나라가 우리나라를 일정 기간 동안 다스리는 일을 말한다.

❸ 제헌 국회에서 정한 나라 이름은 ○○○○이다.

❹ 우리나라의 첫 번째 대통령은 ○○○이다.

❺ 김구와 김규식은 통일 정부 수립을 위해 평양에서 열린 ○○ ○○에 참여했다.

김	구	총	이	여	광
신	소	선	승	운	복
탁	련	거	만	형	남
통	김	규	식	제	북
치	대	한	민	국	협
미	소	공	동	위	상

2 (가) 시기에 들어갈 사진을 골라 ○표 하세요.

⊙ 8·15 광복(1945)　　　　　　　　　　　　　⊙ 5·10 총선거(1948)

⊙ 대한민국 정부 수립

⊙ 휴전선 설치

⊙ 미소 공동 위원회 개최

3 8·15 광복부터 대한민국 정부 수립까지의 내용을 문제 풀기 게임으로 정리해 보세요.

출발

우리 민족은 일제의 지배에서 벗어나 ○○을/를 맞이하였다.

미군과 소련군이 주둔하여 우리나라가 둘로 나누어졌던 경계는?

남북한 총선거 실시를 결정한 국제기구는?

모스크바에서 ○○, 영국, 소련의 외무 장관이 모여 한국 문제를 협의하였다.

통일 정부 수립을 위해 남북 협상을 추진한 인물은?

선거가 가능한 남한만이라도 총선거를 해야 한다고 주장한 인물은?

모스크바 3국 외상 회의에서 결정한 내용을 바탕으로 개최된 회의는?

앞으로 두 칸 가세요.

처음으로 가서 다시 푸세요.

1948년 5월 10일, 국회 의원을 뽑는 ○○○이/가 실시되었다.

도착으로 가세요.

○○에는 조선 민주주의 인민 공화국 정부가 세워졌다.

이승만은 대한민국 초대 ○○○이다.

제헌 국회에 의해 공포된 것은?

무인도 쉬었다 가세요.

1948년 7월 17일을 기념하는 국경일은?

대한민국 정부가 수립된 날은 ○○○○년 8월 15일이다.

도착

1 다음 글을 읽고, 광복 후 우리나라 학생들의 생활이 어떻게 달라졌는지 키워드를 이용하여 일기를 써 보세요.

광복 후 처음 등교하는 날, 우리는 교과서도 없이 강의를 받았다. 생전 처음으로 우리말 국어 강의를 받은 그날의 환희와 감격은 정말 벅찼다. 학생들의 눈은 초롱초롱 빛났고 그 누구의 숨소리조차도 들을 수 없을 만큼 교실 안은 쥐 죽은 듯 조용했다. 이때만큼 열심히 수업받기는 평생 처음이었다.

– 광복 당시 어느 학생의 회고담

| 키워드 | 이름 | 우리말 | 황국 신민 서사 | 일본어 | 태극기 | 교사 |

1945년 9월 ○○일

2 모스크바 3국 외상 회의 결과가 공개되자 우리나라에서는 신탁 통치에 반대하는 사람과 결정 사항을 지지하는 사람들 간에 갈등이 일어났어요. 서로 다른 입장을 갖게 된 까닭은 무엇일지 써 보세요.

tip 신탁 통치는 특정 국가가 다른 나라의 일정 지역을 대신 통치하는 제도야.

모스크바 3국 외상 회의 결정 사항(1945. 12. 27.)

• 한국을 독립 국가로 재건하기 위해 임시 정부를 수립할 것

• 이를 위해 미소 공동 위원회를 구성할 것

• 최고 5년간 4개국의 신탁 통치를 실시하되, 방안은 임시 정부와 협의할 것

1 신탁 통치를 반대한다!	**2 3국 외상 회의의 결정을 지지한다!**

⊕ 신탁 통치 반대 시위

⊕ 모스크바 3국 외상 회의 결정 지지

3 국제 연합의 결정에 대한 이승만과 김구의 주장을 읽고, 내가 그 당시에 살았다면 두 인물 중 어떤 입장을 지지했을지 인물을 선택하고 그 까닭을 써 보세요.

tip 이승만과 김구의 주장에서 중심이 되는 내용은 무엇일까?

이승만

이제 무기한 연기된 회의가 재개될 기색도 보이지 않으며 통일 정부를 몹시 기다리지만 잘되지 않으니, 우리 남쪽만이라도 임시 정부 혹은 위원회 같은 것을 조직해 38 이북에서 소련이 물러나도록 세계의 여론에 호소해야 할 것이니, 여러분도 결심해야 할 것이오.

한국이 있어야 한국 사람이 있고, 민주주의도 공산주의도 또 무슨 단체도 있을 수 있는 것이오. 그러면 우리의 자주독립적 통일 정부를 수립해야 하는 이때에 어찌 개인이나 자기 집단의 욕심을 탐해 국가 민족의 백 년 계획을 그르칠 사람이 있으리오.

김구

나는 (이승만 / 김구)의 입장을 지지한다.

지지하는 까닭

----

4 대한민국 정부가 수립되는 과정에서 5·10 총선거가 실시되었 고, 초대 대통령이 선출되었어요.

tip 5·10 총선거의 특징과 제헌 국회의 활동을 생각해 봐.

⊙ 5·10 총선거 포스터

5·10 총선거는 비록 남한만의 선거였지만, 성별과 종교에 상관없이 21세 이상 모든 국민에게 투표권이 주어진 최초의 민주적인 선거였다. 김구와 김규식 등 이 참여하지 않은 가운데 198명의 국회 의원이 선출 되었다.

제헌 국회는 국호를 '대한민국'으로 정하고 민주 공 화국 체제의 헌법을 제정하였으며, 간접 선거를 통해 이승만을 초대 대통령에 선출하였다.

1 5 · 10 총선거는 우리나라 최초의 민주적 선거였어. '민주적 선거'가 되려면 어떠한 조건을 갖추어야 할까?

2 내가 만약 초대 대통령이 되었다면 우리나라를 위해 어떤 정책을 추진하였을까?

6 민족의 아픔, 6·25 전쟁

 이때는 말이야~

대한민국 정부
수립

1948. 8.

광복 이후 3년 만에
대한민국 정부가
수립되었어.

1950년 6월 25일 새벽에
북한군이 갑자기 쳐들어와
시작된 전쟁이야.

6·25 전쟁
발발

1950. 6.

북한도 정부가
수립되었지.

1948. 9.
조선 민주주의 인민 공화국
수립

정전 협정
체결

전쟁이 멈추었고
휴전선을 기준으로
남북이 나뉘게 되었어.

1953. 7.

1950. 9.

인천 상륙 작전

1960. 4.

4·19 혁명

이 작전을 계기로 6·25 전쟁의
전세가 뒤바뀌었어.

○━ 키워드

6·25 전쟁		
六	여섯	**육**
二	두	**이**
五	다섯	**오**
戰	싸움	**전**
爭	다툴	**쟁**

1950년부터 1953년까지 남한과 북한이 싸운 전쟁으로, 국제 연합군과 중국군이 참전하면서 국제 전쟁으로 확대되었다.

휴전: 교전국이 서로 합의하여 전쟁을 일정 기간 멈추는 일이다.

"눈보라가 휘날리는~ 바람 찬 흥남 부두에~ 목을 놓아 불러 보았다~ 찾아 보았다~ 금순아 어데로 가고~ 길을 잃고 헤매었드냐~"

아버지는 오늘도 '굳세어라 금순아' 노래를 부르며 들어오셨어요. **6·25 전쟁** 중에 소식이 끊어진 누나를 생각하면서 말이에요.

"꼭 금순이가 네 누나 같아서 말이야 ...."

아버지는 혹시 전쟁 중에 헤어진 누나가 돌아오지 않을까 기다리셨어요.

6·25 전쟁은 우리 가족의 삶을 완전히 바꿔 놓았어요. **휴전**이 된 지 10년이 지났지만, 부모님은 누나를 애타게 찾고 계세요. 서울에 살던 우리 가족은 전쟁을 피해 부산에 내려왔는데, 지금도 부산에 살고 있어요.

6·25 전쟁으로 많은 군인과 사람이 죽거나 다쳤고, 가족을 잃고 뿔뿔이 흩어졌어요.

그래서 지금도 힘들어 하고 있는 사람이 많은데, 그에 비하면 우리

가족은 조금은 다행이라고 할 수 있겠죠. 그렇지만 저도 누나가 보고 싶어요. 누나는 어딘가에서 잘 살고 있겠죠?

전쟁은 1950년 6월 25일, 일요일 새벽에 일어났어요. 소련의 지원을 받은 북한군이 남한을 무력으로 통일하고자 **38도선**을 넘어 물밀듯이 내려오기 시작하였어요. 당시 남한과 북한은 서로의 정부를 인정하지 않고 있었어요. 사실 이전에도 38도선 부근에서 군사적 충돌이 있다는 소식이 들려 불안했었는데, 이렇게 갑자기 전쟁이 일어나다니요!

상황이 심각하다는 것을 느낀 아버지가 말씀하셨어요.

"어서 짐을 싸거라. 중요한 것들만 챙겨서 얼른 내려가자꾸나."

부랴부랴 **피란길**에 오르는 데 라디오 방송이 나왔어요.

"적군을 물리치고 있으니 **동요**하지 마십시오. 대통령도 서울을 떠나지 않고 국민과 함께 대한민국을 지키겠습니다."

피란길: 난리를 피하여 가는 길을 말한다.

동요: 생각이나 상황이 혼란스럽고 흔들리는 것을 말한다.

함락: 적의 지역을 공격하여 무너뜨리는 것을 말한다.

★ 참고 자료

피란민들은 부산 여기저기에 정착하면서 마을을 만들었다. 부산 우암동 마을에는 일제 강점기 일본으로 보낼 소를 검사하던 검역소가 있던 자리였다. 검역을 위해 사육하던 소 막사가 있었고, 광복 후 넓은 이 공간은 귀국한 동포와 전쟁 당시 피란민의 수용소로 이용되었다.

'괜찮겠지.' 하면서도 불안하였던 아버지는 걸음을 **재촉**하셨어요. 나중에 안 사실이었지만 방송이 나오던 때 대통령은 대전에 있었대요.

피란길은 사람들로 가득 차 마치 거대한 파도 같았어요. 전쟁이 일어난지 3일 만에 서울이 북한군에게 **함락** 당하였다는 소식이 들렸어요. 게다가 국군이 물러나면서 시간을 벌기 위해 한강 다리를 폭파하였는데, 그 바람에 서울의 수많은 사람이 피란을 가지 못하였대요.

그렇게 2주 동안 걷고 걸어서 부산에 도착하였어요. 이미 부산은 피란민들로 가득하였어요.

우리 가족은 일제 강점기에 소 막사로 사용되었던 장소에 자리를 잡았어요. 좁은 골목에 집들이 다닥다닥 붙어 있었어요. 그래도 우리는 형편이 나았어요. 우리보다 늦게 도착한 피란민들은 무덤 위에 집을 짓기도 했고, 그마저도 없는 사람들은 볏짚으로 누울 장소를 마련하거나 가마니를 깔고 자기도 하였어요.

한편 이승만 대통령은 미국에 도움을 요청하였고, 미국은 국제 연합 (UN)에 북한의 남침을 알려 한국을 돕기로 하였어요.

⊕ 피란민들의 생활 모습

국제 연합이 미국을 비롯한 16개국으로 구성된 국제 연합군을 보내 줄 것이라는 소식이 들렸어요. 하지만 북한군은 어느새 낙동강 근처까지 내려왔고, 임시 수도 부산은 최후의 **보루**였어요.

남쪽으로 계속 밀고 내려오는 북한군을 막아 내기 위해 나이를 가리지 않고 많은 사람들이 전쟁에 참여하였어요. 정부는 **학도병**이라는 이름으로 나이 어린 학생들까지 전쟁에 동원하였어요.

9월 15일, 국군과 국제 연합군(유엔군)이 비밀리에 인천에 상륙하였어요. **인천 상륙 작전**을 성공시킨 국군과 국제 연합군은 서울을 되찾았고(서울 **수복**), 두 달여 만에 북한의 거의 모든 지역을 차지하면서 압록강가에 다다랐다는 소식도 들렸어요.

인천 상륙 작전

仁	어질	인
川	내	천
上	위	상
陸	육지	륙
作	지을	작
戰	싸움	전

1950년 9월 맥아더 지휘 아래 국군과 국제 연합군이 인천에 상륙하여 전개하였던 군사 작전이다.

보루: 적의 침입을 막기 위하여 튼튼하게 쌓은 시설 혹은 지켜야 할 대상을 비유적으로 이르는 말이다.

학도병: 학생 신분으로 군대에 들어간 병사 혹은 그 군대이다.

수복: 잃었던 땅을 되찾은 것을 뜻한다.

◎ 인천 상륙 작전

이 무렵 우리 가족도 짐을 챙겨 다시 서울로 올라갔어요.

그런데 중국군이 전쟁에 개입하면서 전세가 다시 바뀌었어요(**중국군의 참전**). 국군과 국제 연합군은 남쪽으로 밀려났고, 다시 서울을 빼앗겼어요(**1·4 후퇴**).

★ **참고 자료**

1·4 후퇴: 6·25 전쟁 중 국군과 국제 연합군이 38도선 이북 지역을 점령하다가 중국군의 참전으로 서울을 다시 빼앗긴 사건이다(1951).

정전 협정

停 멈출 **정**

戰 싸움 **전**

協 도울 **협**

定 정할 **정**

1953년 7월 27일, 6·25 전쟁의 정지를 합의하여 맺은 협정이다.

휴전선: 1953년 7월 27일 22시에 정전 협정 체결과 함께 한반도의 가운데를 가로질러 설정된 군사분계선을 말한다.

포로: 전쟁 중에 서로 잡은 적을 말한다.

1951년 1월, 우리 가족은 다시 피란길에 올랐어요. 아주 추웠던 겨울의 피란길은 정말 힘들었던 기억이 나요. 행렬은 끝없이 이어졌고, 누나를 잃어버린 것도 이때였어요. 눈이 펑펑 내려 무릎까지 쌓였던 그날, 결국 누나는 찾지 못하였어요.

국군과 국제 연합군은 군대를 다시 정비한 후에 38도선 부근에서 북한군과 치열한 전투를 벌였어요. 한편에서는 전쟁을 멈추자는 정전 협상을 벌이고 있었지만, 미국과 중국의 주장이 좁혀지지 않아 협정이 체결되기까지는 2년이나 걸렸어요. 그동안 많은 군인들과 민간인들이 희생되었고, 상대편에게 빼앗겼다가 되찾은 지역에서는 상대편에게 도움을 주었다며 피란하지 못한 사람들을 죽이거나 고통을 주는 일도 있었어요.

1953년 7월 27일, **휴전선**의 위치가 결정되고 **포로** 문제가 해결되면서 **정전 협정**이 체결되었고, 드디어 한반도의 총소리가 멈추었어요.

◎ 정전 협정 체결

◎ 정전 협정문(1953. 7. 27.)

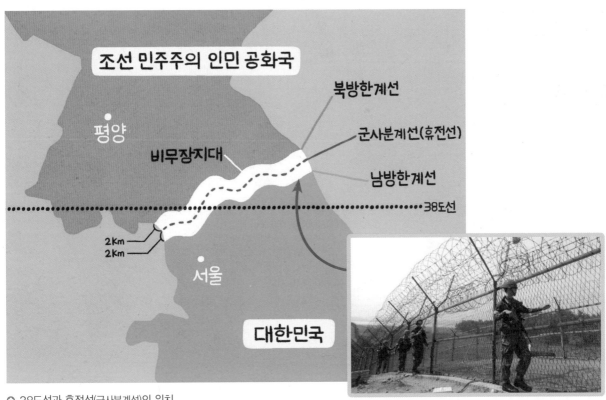

● 38도선과 휴전선(군사분계선)의 위치

● 휴전선의 모습

서로 총을 겨누던 자리가 **휴전선(군사분계선)**이 되었어요. 휴전선은 남한과 북한의 군대가 점령하던 곳을 기준으로 그어졌어요.

38도선과 다른 휴전선이 그어지면서 고향으로 돌아가지 못하는 사람들이 생겼어요. 남한과 북한은 전쟁으로는 통일이 이루어질 수 없다는 것을 확인한 채 다시 갈라지게 되었어요.

군사분계선: 두 교전국 사이에 협정에 의해 구획된 군사 활동의 경계선을 말한다.

3년 넘게 지속되었던 6·25 전쟁은 끝났지만 사람들은 일상으로 돌아갈 수 없었어요. 집, 학교, 도로, 공장, 철도가 대부분 파괴되었고, 생활 터전과 재산도 잃었기 때문이에요. 또한 많은 문화재가 부서지거나 사라지기도 하였어요. 먹을 것을 비롯하여 사는 데 필요한 물건들도 거의 없었어요.

● 폐허가 된 도시

이산가족

離 떠날 **이**

散 흩어질 **산**

家 집 **가**

族 겨레 **족**

남북 분단으로 이리 저리 흩어져서 서로 소식을 모르는 가족 을 말한다.

평화: 전쟁, 분쟁 또는 일 체의 갈등이 없는 평온 한 상태를 말한다.

무엇보다 군인을 비롯하여 수많은 사람이 다치거나 죽었고, 가족 이 헤어져 만나지 못하는 **이산가족**이 많이 생겨났어요.

남한과 북한으로 떨어지기도 하였지만, 남한 안에서도 생사를 확 인하지 못하는 경우가 많았어요. 부모를 잃어버린 고아(**전쟁고아**)도 무척 많았고요.

잃어버린 가족, 친구를 어디서 찾을 수 있을까요?

6·25 전쟁은 많은 사람들에게 상처를 남겼어요. 그리고 남한과 북 한의 사이는 더욱 멀어졌어요. 전쟁 이후 우리나라에는 미군이 계속 머무르게 되었고, 북한은 중국과 더욱 가까워졌어요. 전쟁은 끝났지 만 우리나라에 진정한 **평화**가 찾아온 것은 결코 아니었어요.

우리 민족은 다시 하나가 될 수 있을까요?

6·25 전쟁의 전개 과정을 지도를 통해 알아볼까?

해방 이후 미국과 소련에 의해 38도선이 만들어지고 한반도에 서로 다른 이념을 따르는 두 개의 정부가 수립되었어. 1948년 8월 남쪽에는 대한민국이, 9월 북쪽에는 조선 민주주의 인민 공화국(북한)이 세워졌지. 남한과 북한은 서로 통일을 주장했어. 남한에 주둔하던 미군이 모두 철수하자, 소련의 지원을 받으며 전쟁을 준비하던 북한은 남한을 침략했어.

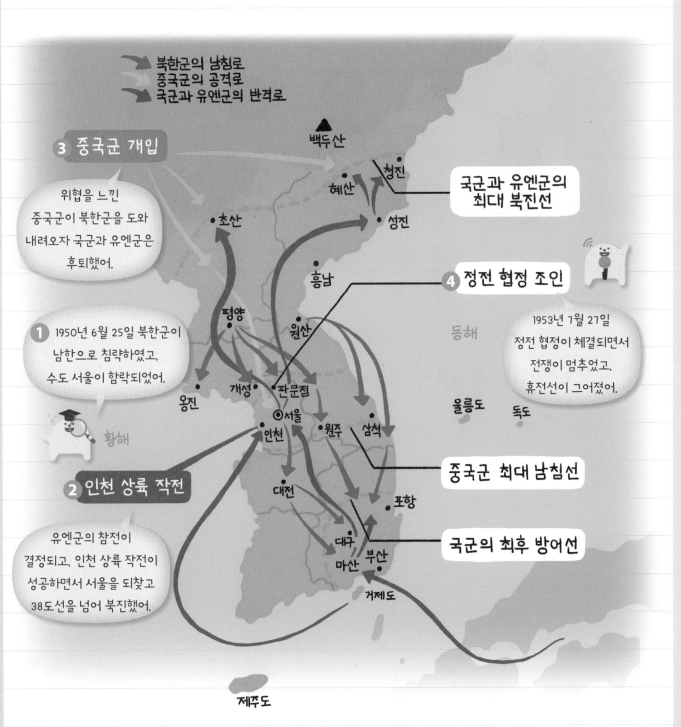

북한군의 남침로
중국군의 공격로
국군과 유엔군의 반격로

3 중국군 개입

위협을 느낀 중국군이 북한군을 도와 내려오자 국군과 유엔군은 후퇴했어.

1 1950년 6월 25일 북한군이 남한으로 침략하였고, 수도 서울이 함락되었어.

2 인천 상륙 작전

유엔군의 참전이 결정되고, 인천 상륙 작전이 성공하면서 서울을 되찾고 38도선을 넘어 북진했어.

국군과 유엔군의 최대 북진선

4 정전 협정 조인

1953년 7월 27일 정전 협정이 체결되면서 전쟁이 멈추었고, 휴전선이 그어졌어.

중국군 최대 남침선

국군의 최후 방어선

백두산
청진
혜산
성진
초산
흥남
평양
원산
개성
판문점
옹진
서울
인천
원주
삼척
울릉도
독도
대전
포항
대구
부산
마산
거제도
제주도
동해
황해

1 다음 선생님과 학생들의 대화를 읽고, 빈칸에 들어갈 알맞은 말을 써 보세요.

□·□□□□

2 6·25 전쟁에 관한 다음 질문에 알맞은 답을 ○, ×로 넣어 보세요.

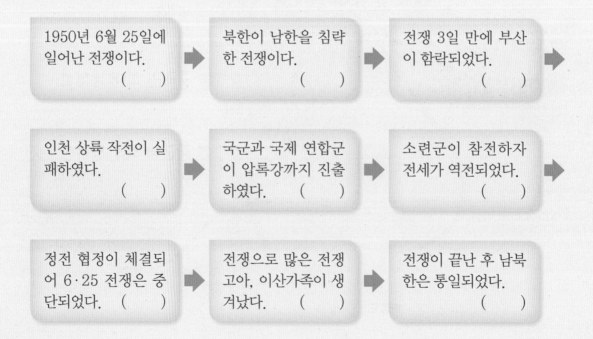

3 다음은 6·25 전쟁의 전개 과정이에요. 빈칸에 들어갈 알맞은 말을 보기 를 이용하여 써 보세요.

보기　　인천 상륙 작전　　정전 협정　　중국군　　북한군
국제 연합　　남침　　북침　　서울　　부산　　낙동강

❶ 1950년 6월 25일 새벽에 북한의 [   ](으)로 전쟁이 시작되었어요. 3일 만에 서울이 함락되었고, 사람들의 피란 행렬이 이어졌어요.

❷ 1950년 9월 15일, 국군과 국제 연합군(유엔군)은 [   ]에 성공하여 서울을 되찾은 후 압록강 부근까지 북진하였어요. 그러나 1950년 10월 말 [   ]이/가 참전하여 서울이 다시 함락되었어요.

❸ 1953년 7월 27일, 휴전선의 위치가 결정되고 포로 문제가 해결되면서 [   ]이/가 체결되었어요. 서로 총을 겨누던 자리가 휴전선이 되었고, 남북한 모두에게 잊지 못할 상처를 남겼어요.

1 다음은 6·25 전쟁의 전개 과정을 나타낸 지도예요. 북한이 전쟁을 일으킨 목적은 무엇일까요?

tip 6·25 전쟁은 한반도에서 한민족 간에 벌어진 전쟁이야.

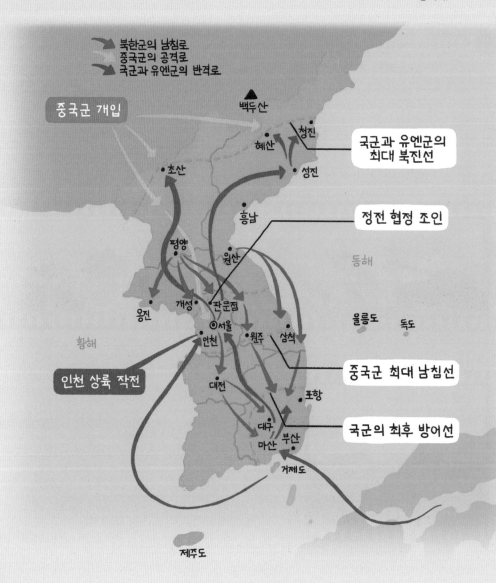

2 6·25 전쟁이 일어나자 남한에 도움을 준 국제기구는 무엇일까요? 그리고 이 국제기구에서 파견된 군인들과 함께 성공한 작전 이름을 쓰고, 이 작전이 전쟁에 어떤 영향을 주었는지 써 보세요.

❶ 국제기구의 이름: (   )

❷ 작전 이름: (   )

❸ 이 작전이 전쟁에 미친 영향은 무엇일까요?

----

3 다음 6·25 전쟁에 대한 뉴스를 보고 친구들의 물음에 알맞은 대답을 써 보세요.

3년간의 전쟁으로 많은 피해가 생겼습니다. 특히 많은 어린이들이 부모를 잃고 전쟁고아가 되었는데요. 6·25 전쟁 통계 자료에 따르면 전쟁고아는 약 10만여 명으로 예상되고 있습니다.

❶ 뉴스 내용 외에 6·25 전쟁으로 어떤 피해를 입었을까?

❷ 6·25 전쟁이 우리 민족에게 남긴 교훈은 무엇일까?

4 다음 평화에 관한 글을 읽고 물음에 알맞은 답을 써 보세요.

평화란 어떤 걸까?

전쟁을 하지 않는 것.

폭탄 따위는 떨어뜨리지 않는 것.

집과 마을을 파괴하지 않는 것.

왜냐면, 사랑하는 사람과 언제까지나 함께 있고 싶으니까. (중략)

평화란 내가 태어나길 잘했다고 하는 것.

네가 태어나길 정말 잘했다고 하는 것.

그리고 너와 내가 친구가 될 수 있는 것.

– 『평화란 어떤 걸까?』, 하마다 게이코

1 나에게 있어 '전쟁'이란 무엇인지 써 보세요.

전쟁은 _____(이)다.

왜냐하면 _____

_____(이)기 때문이다.

2 평화 통일을 위해 내가 할 수 있는 일은 무엇일까요?

_____

_____

_____

7 4·19 혁명이 일어나다

 이때는 말이야~

6-1 1. 우리나라의 정치 발전
① 민주주의의 발전과 시민 참여

대한민국 정부
수립

1948

1950
6·25 전쟁
발발

 우리 민족이 서로
총을 겨누고 싸운
가슴 아픈 전쟁이야.

정전 협정
체결

1953

전쟁이 끝난 건
아닙니다. 잠시
멈추는 것이지요.

◉ 대한민국 정부 수립 국민 축하식

4·19 혁명

1960. 4.

학생과 시민 모두가
이승만 정권의 독재에 맞서
시위했지.

1960. 3.
3·15
부정 선거

이승만 정권의
부정 선거로 인해
4·19 혁명이 일어났어.

◎ 시위에 참가한 초등학생들

1961
5·16
군사 정변

🔑 키워드

4·19 혁명

四	넉	**사**
一	한	**일**
九	아홉	**구**
革	가죽	**혁**
命	목숨	**명**

1960년 4월 19일 학생과 시민이 중심이 되어 일으킨 반독재 민주주의 운동으로 이로 인해 이승만 대통령이 물러났다.

초대: 차례로 이어나가는 자리나 지위에서 그 첫 번째에 해당하는 차례 혹은 사람이다.

★ 참고 자료

이승만: 대한민국 제1, 2, 3대 대통령을 지냈고, 광복 이전에는 독립운동가였다. 권력을 오랫동안 잡기 위해 민주주의 발전을 막았다는 비판을 받기도 했다.

"부정 선거 다시 하라!"

"이승만은 물러나라!"

1960년 곳곳에서 수많은 사람이 거리로 나와 외쳤어. **4·19 혁명**이 일어난 거야. 이승만은 무엇 때문에 부정 선거를 한 것일까?

⊙ 수송초등학교 학생들 시위 모습

4·19 혁명 당시 '부모 형제들에게 총부리를 대지 말라'며 수송초등학교(당시에는 국민학교라고 불렀음.) 학생들도 시위에 나섰어.

여러분과 비슷한 또래의 친구들이 왜 길거리로 나가게 되었을까? 우린 아직 어린데······.

바로 시위를 응원하던 같은 반 친구가 경찰이 쏜 총에 맞아 숨졌기 때문이었어. 이 친구들이 왜 시위를 하게 되었는지 이야기를 한번 들어볼래?

이야기는 1948년으로 거슬러 올라가.

우리나라 **초대** 대통령이 누구였는지 아니? 바로 **이승만**이야. 이

정도는 다들 알고 있다고? 그럼 이승만은 대통령을 몇 번이나 했는
지 아니? 대통령은 한 번밖에 할 수 있는 것 아니냐고 묻는 친구도
있을 거야.

처음 헌법에서는 대통령을 **국회 의원**들이 뽑게 하였고, 4년씩 두
번까지 할 수 있었어. 1948년에 대한민국 정부 수립을 준비하던 국
회 의원들이 **선출**한 대통령이 바로 이승만이었어.

⊙ 1948년 7월 대한민국 초대 대통령 취임식 개최

그런데 그 다음에 국회 의원이 된 사람들 중에는 이승만을 지지하
지 않는 사람이 많았어. 다시 대통령을 할 수 없게 될까 봐 두려웠던
이승만은 자신을 지지해 줄 **정당**인 자유당을 조직하고, 온갖 방법을
써서 국민이 투표를 통해 대통령을 직접 선출하도록 헌법을 바꾸었
지(1차 **개헌**). 그리고 선거를 실시해서 1952년에 두 번째 대통령에
도 당선되었어. **재집권**에 성공한 이승만 대통령은 계속 대통령이 되
기 위해 중간에 헌법을 다시 바꾸었어(2차 개헌). 왠지 그랬을 것 같
았다고?

개헌

改 고칠 **개**
憲 법 **헌**

헌법을 고치는 것을
말한다. 이승만은 재
선을 위해 1차 개헌
(발췌 개헌)을 추진하
였고, 초대 대통령에
한해 횟수에 제한 없
이 대통령에 출마할
수 있도록 2차 개헌
(사사오입 개헌)을 추
진하였다.

국회 의원: 입법부이며
국민의 대표 기관인 국
회의 구성원이다.

선출: 여럿 가운데 골라
내는 것을 말한다.

정당: 정치적인 생각이나
주장이 같은 사람들이
정치적 이상을 실현하기
위하여 조직한 단체이다.

재집권: 다시 정권을 잡
는 것이다.

이때는 우리나라에도 미국처럼 부통령이 있었는데, 부통령은 대통령이 자신의 역할을 제대로 할 수 없게 되었을 때 대통령의 뒤를 잇는 자리였어.

그런데 1956년 선거에서 민주당이 내세운 '못 살겠다 갈아보자!'라는 구호가 많은 사람에게 인기를 끌면서 민주당의 부통령 후보였던 **장면**이 당선된 거야. 이승만 대통령의 나이가 많았던 것을 내심 걱정했던 자유당이 깜짝 놀랐겠지? 자유당이 앞으로도 계속 권력을 지키려면 부통령도 자유당 사람이어야 하니까.

그래서 이승만 정부와 자유당은 불법적인 방법을 동원해서라도 1960년 대통령과 부통령 선거에서 승리하기 위해 치밀하게 준비를 했어.

투표일 전에 미리 투표를 해 놓거나, 투표를 할 때 여러 명이 짝을 지어 공개 투표를 하도록 했어. 지금으로써는 상상도 할 수 없는 일들이지?

부정 선거 방법

◉ 미리 투표하기

◉ 짝을 지어 공개 투표하기

◉ 투표함 바꿔치기

심지어는 투표함을 바꾸거나 개표수를 조작하였는데, 이 모든 것이 자유당의 이승만과 이기붕 후보를 당선시키기 위한 것이었지.

3월 15일, 투표 당일부터 사람들은 **부정 선거**에 항의하기 시작했어. 마산에서는 학생, 시민들이 선거의 무효를 요구하는 시위를 벌였어. 경찰이 시위대를 향해 총을 쏘아 사망자가 발생하자, 부정 선거를 주도한 최인규 장관이 물러나면서 시위는 조금 진정되는 듯했어.

그런데 시위 중에 실종되었던 고등학생 **김주열**이 경찰이 쏜 최루탄에 맞아 사망하였다는 소식이 한 달여 만에 알려진 거야.

소식을 접한 시민들은 어떤 마음이었을까?

"이승만 정권 물러가라"

"김주열을 살려내라!"

시위는 더욱 거세졌고 전국적으로 확산되었어. 시민들의 분노가 폭발하고 만 거지.

3·15 부정 선거

三	석	**삼**
一	한	**일**
五	다섯	**오**
不	아닐	**부**
正	바를	**정**
選	가릴	**선**
擧	들	**거**

1960년 3월 15일 정당하지 못한 수단과 방법으로 행해진 대통령·부통령 선거이다. 이를 계기로 4·19 혁명이 일어났다.

★ 참고 자료

김주열: 1960년 마산에서 3·15 부정 선거 시위에 참여하였다가 실종되었다. 4월 11일 한쪽 눈에 최루탄이 박힌 김주열의 처참한 시신이 마산 앞바다에서 발견되었고, 분노한 시민들의 시위는 더욱 거세졌다.

민주주의

民	백성 **민**
主	주인 **주**
主	주인 **주**
義	옳을 **의**

국민이 권력을 가지고 그 권력을 스스로 행사하는 제도로 4·19 혁명은 이승만 정권의 독재를 무너뜨린 민주주의 혁명이었다.

경무대: 청와대의 이전 이름이다.

시위: 많은 사람들이 공공연하게 의사를 표시하여 집회나 행진을 하며 위력을 나타내는 일을 말한다.

데모: 시위와 같은 말이다.

책하다: 잘못을 꾸짖다.

드디어 4월 19일의 아침이 밝았어. 이른 아침부터 서울 시내 대학생과 중·고등학생, 초등학생까지 거리로 나와 이승만 대통령이 있는 **경무대**로 향하였지. 시민들도 합류해서 서울 시내는 온통 **민주주의**를 외치는 **시위** 대열로 뒤덮였는데 ……, 그때였어.

"탕! 탕! 탕!"

경찰이 시위하는 사람들을 향해 총을 쏘기 시작한 거야. 그런데 이때 수송초등학교 6학년 전한승 학생이 시위를 응원하던 도중 경찰이 쏜 총에 맞았어. 전한승 학생은 병원으로 옮겨 졌지만 결국 숨지고 말았어. 그리고 이날 많은 사람들이 희생되었지.

그리고 급하게 편지를 쓰고 시위에 참여한 진영숙 학생도 경찰이 쏜 총에 맞아 그만 목숨을 잃었어.

시간이 없는 관계로 어머님 뵙지 못하고 떠납니다.

끝까지 부정 선거 **데모**로 싸우겠습니다.

지금 저와 저의 모든 친구들 그리고 대한민국 모든 학생들은

우리나라 민주주의를 위하여 피를 흘립니다.

어머니, 데모에 나간 저를 **책하지** 마시옵소서.

우리들이 아니면 누가 데모를 하겠습니까?

저는 아직 철없는 줄 잘 압니다.

그러나 국가와 민족을 위하는 길이 어떻다는 것을 잘 알고 있습니다.

저의 모든 학우들은 죽음을 각오하고 나간 것입니다. ……

– 한성여중 2학년 진영숙 학생의 마지막 편지

"학생의 피에 보답하라!"

며칠 뒤에는 대학교수들이 선언문을 낭독한 후 플래카드를 들고 시위에 나서기 시작했어. 대학교수들은 재선거와 이승만 대통령의 **하야**를 직접적으로 요구하며 시위했지.

국민의 거센 저항은 아무도 막을 수 없었어.

결국 이승만은 하야 성명을 발표하며 대통령 자리에서 물러났어.

4·19 혁명이 일어난 지 일주일 만의 일이었어.

"국민이 원한다면 대통령직을 물러날 것이며,

지난 번 3·15 선거에 많은 부정이 있었다고

하니 선거를 다시 하도록 지시하였다."

이승만 대통령은 다시 선거를 치르겠다고 발표했어.

학생의 피에 보답하라!

民義 시민들이여 기뻐하라
민 의
學徒 는 승리했다
학 도 학도들이여 기뻐하라

하야: 시골로 내려간다는 뜻으로, 관직이나 정계에서 물러남을 이르는 말이다.

내각 책임제: 국회의 신임에 따라 정부가 운영되는 정치 제도로, 다수당을 중심으로 행정부가 구성되었다. 의원 내각제와 같은 말이다.

독재: 특정한 개인이나 집단이 어떤 분야에서 모든 권력을 차지하여 모든 일을 혼자서 처리하는 것을 말한다.

4·19 혁명은 국민의 승리였어!

영원히 권력을 유지할 것 같았던 이승만은 대통령 자리에서 물러났고, 이승만 대통령을 중심으로 한 자유당 정부는 무너졌지.

국민이 나라의 주권을 갖고 있다는 것을 보여 준 혁명적인 사건이었기 때문에 '4·19 혁명'으로 불리고 있어.

4·19 혁명의 주인공이 학생들이었다니, 정말 대단하지?

이후 국회는 대통령의 권한을 줄이고 국무총리가 국가의 실질적인 지도자 역할을 맡는 **내각 책임제**로 헌법을 고쳤어(3차 개헌).

새 헌법에 따라 치러진 선거에서 민주당이 큰 승리를 거두고, 장면이 국무총리가 되었지.

4·19 혁명은 학생이 주도하고 시민이 적극 참여하여 **독재** 정권을 무너뜨린 민주주의 혁명이었고, 이후 우리나라의 민주주의 발전에 크게 기여하였어. 혁명 당시 희생 당한 수많은 사람을 잊어선 안 돼. 그들의 희생이 있었기에 민주주의가 발전할 수 있었거든.

그렇다면 4·19 혁명 이후 우리나라는 국민이 나라의 주인이 되는 민주주의가 제대로 실현되었을까?

◎ 4·19 혁명의 승리로 기뻐하는 학생들

4·19 혁명의 모습, 시로 살펴볼까?

수송초등학교 4학년 강명희 학생이 1960년 4월 23일 언론사에 보낸 시야. 초등학생 눈으로 본 4·19 혁명은 어떤 모습이었을까? 어린 학생들마저 위험을 무릅쓰고 거리로 나온 이유는 무엇일까?

나는 알아요

아! 슬퍼요.
아침 하늘이 밝아 오면은
달음박질 소리가 들려옵니다.
저녁 노을이 사라질 때면
탕탕탕탕 총소리가 들려옵니다.
아침 하늘과 저녁노을을
오빠와 언니들은
피로 물들였어요.

오빠와 언니들은
책가방을 안고서
왜 총에 맞았나요.

도둑질을 했나요.
강도질을 했나요.
무슨 나쁜 짓을 했기에
점심도 안 먹고
저녁도 안 먹고
말없이 쓰러졌나요.
자꾸만 자꾸만
눈물이 납니다.

잊을 수 없는 4월 19일
학교에서 파하는 길에
총알은 날아오고
피는 길을 덮는데
외로이 남은 책가방
무겁기도 하더군요.

나는 알아요. 우리는 알아요.
엄마 아빠 아무 말 안 해도
오빠 언니들이
왜 피를 흘렸는지를

오빠와 언니들이
배우다 남은 학교에서
배우다 남은 책상에서
우리는 오빠와 언니들의
뒤를 따르렵니다.

부모 형제들에게 총부리를 대지 말라

1 다음 칠판의 내용을 통해 수업 시간에 배우고 있는 사건은 무엇인지 써 보세요.

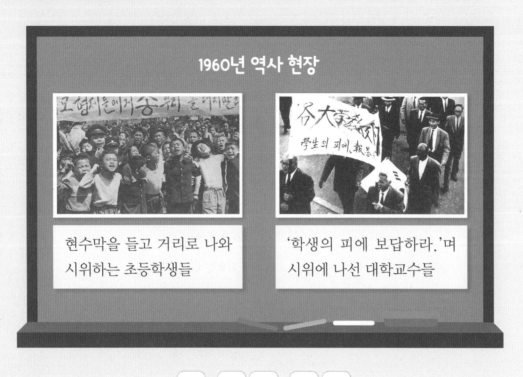

1960년 역사 현장

현수막을 들고 거리로 나와 시위하는 초등학생들

'학생의 피에 보답하라.'며 시위에 나선 대학교수들

☐ · ☐ ☐ ☐

2 다음 보기의 글자를 조합하여 빈칸에 들어갈 알맞은 단어를 만들어 보세요.

보기

| 3 | 부 | 주 | 거 | 김 | 선 | 15 | · |
| 4 | 정 | 열 | 강 | 희 | 명 | 19 | 눈 |

❶ 1960년 이승만 정부가 대통령과 부통령 선거에서 대대적인 부정을 저질렀는데 이를
( )(이)라고 한다.

❷ 마산 시위 과정에서 고등학생 ( )이/가 실종되었는데, 최루탄
을 맞고 숨진 채 바다에서 발견되자 시위가 전국으로 확산되었다.

3 다음은 4·19 혁명이 전개된 과정이에요. 빈칸에 들어갈 알맞은 말을 써 보세요.

① 1960년 3월 15일에 국민이 직접 대통령과 부통령을 뽑는 선거가 있었어요. 자유당에서는 대통령 뿐만 아니라 부통령도 당선시키기 위해 [   ]이/가 벌어졌어요. 이에 분노한 학생들과 시민들이 거리에 나와 시위를 벌였어요.

② 우리는 수송초등학교 6학년 학생들이에요. 학교가 끝나고 집으로 돌아가는 길에 어른들의 시위를 구경하고 있었는데 경찰이 쏜 총에 맞아 친구가 죽었어요. 친구를 살려내라며 우리도 현수막을 들고 거리로 나왔어요. 이와 같이 [   ]은/는 어린 학생부터 시민 모두가 참여한 혁명이었어요.

③ 대학교수들도 부정 선거를 비판하며 선거를 다시 하라는 선언문을 발표했어요. '학생의 피에 보답하라.'는 구호가 적인 현수막을 들고 시위를 벌였어요. 결국 [   ]은/는 대통령 자리에서 물러나게 되었어요.

④ 4·19 혁명은 학생이 주도하고 시민이 적극적으로 참여하여 이승만 [   ] 정권을 무너뜨린 민주주의 혁명이었어요. 4·19 혁명은 우리나라 민주화 운동의 토대가 되었어요.

1 1960년 3월 15일 이승만 정권이 다음과 같이 부정 선거를 한 까닭은 무엇일까요? 그리고 이를 계기로 일어난 혁명에 대해서 보세요.

tip 1960년 3월 15일 정부 통령 선거가 실시되었을 때 일어난 부정 선거야.

◎ 미리 투표하기

◎ 짝을 지어 공개 투표하기

◎ 투표함 바꿔치기

1 부정 선거를 한 까닭은?

----

2 이와 같이 부정 선거가 원인이

되어 일어난 시위를 _____

_____ (이)라고 해.

2 다음은 4·19 혁명의 모습을 표현한 어느 초등학생의 글이에 요. 글을 읽고 당시 시위에 참여한 학생들이 바랐던 사회는 어떤 모습이었을지 짐작해서 써 보세요.

tip 부정 선거, 이승만의 독재 등 혁명이 일어나게 된 배경을 떠올려 볼까?

나는 알아요

아! 슬퍼요.
아침 하늘이 밝아 오면은
달음박질 소리가 들려옵니다.
저녁 노을이 사라질 때면
탕탕탕탕 총소리가 들려옵니다.
아침 하늘과 저녁노을을
오빠와 언니들은
피로 물들였어요.

오빠와 언니들은
책가방을 안고서
왜 총에 맞았나요.

도둑질을 했나요.
강도질을 했나요.
무슨 나쁜 짓을 했기에
점심도 안 먹고
저녁도 안 먹고
말없이 쓰러졌나요.

자꾸만 자꾸만
눈물이 납니다.
잊을 수 없는 4월 19일
학교에서 파하는 길에
총알은 날아오고
피는 길을 덮는데
외로이 남은 책가방
무겁기도 하더군요.

나는 알아요. 우리는 알아요.
엄마 아빠 아무 말 안 해도
오빠 언니들이
왜 피를 흘렸는지를

오빠와 언니들이
배우다 남은 학교에서
배우다 남은 책상에서
우리는 오빠와 언니들의
뒤를 따르렵니다.

– 수송초등학교 4학년 강명희 학생

3 다음 4·19 혁명의 전개 과정을 보고 '만약에'라는 질문에 대한 자신의 생각을 써 보세요.

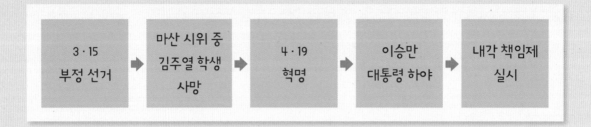

❶ 만약에 3·15 부정 선거가 일어나지 않았다면?

---

❷ 만약에 4·19 혁명이 일어나지 않았다면?

---

❸ 만약에 내각 책임제로 헌법이 개정되지 않았다면?

---

4 4·19 혁명 당시 경찰이 쏜 총에 맞아 죽음을 당한 전한승 학생에게 수송초등학교에서는 다음 해 졸업식에서 명예 졸업장을 주었어요. 4·19 혁명이 우리나라 민주주의 발전에 미친 영향을 생각하며, 전한승 군에게 고마운 마음을 담아 편지를 써 보세요.

8 자유 민주주의가 발전하다

 이때는 말이야~

6-1 1. 우리나라의 정치 발전
① 민주주의의 발전과 시민 참여

나 박정희. 군인들을
중심으로 정권을 장악한다.

4·19 혁명
1960

유신 헌법
제정
1972

대통령의 권한이 강화되고
국민의 기본권이
제한되었어.

독재 정권이 무너졌다!
민주주의가 승리했다!

1961
5·16
군사 정변

박정희 대통령이
암살되었어.

1979. 10.
10·26
사태

전두환, 노태우 중심의
신군부 세력이 군권을 잡았어.

6월 민주 항쟁의 결과
대통령을 국민이
직접 뽑게 되었어.

6월 민주 항쟁

12·12 사태

1979. 12.

1987

1980

전라남도 광주에서
민주화 운동이
크게 일어났어.

**5·18
민주화 운동**

✿ 5·18 민주화 운동

🔑 키워드

정변

政 정사 **정**

變 변할 **변**

혁명이나 쿠데타 같은 비합법적인 수단으로 생긴 정치적 변동으로 1961년에 5·16 군사 정변이 일어났다.

장면: 제2공화국에서 국무총리로 선출되었으나 5·16 군사 정변으로 9개월 만에 자리에서 물러났다.

★ 참고 자료

유신 헌법: 1972년에 대통령을 뽑는 선거 제도를 직접 선거 제도에서 간접 선거 제도로 바꾸고, 대통령을 할 수 있는 횟수의 제한도 없앤 헌법이다. 대통령에게 국민의 자유와 권리를 제한하고, 국회를 해산하는 막강한 권력을 부여하였다.

유신 체제는 국민의 기본권과 삼권 분립을 무시하고 모든 권한을 대통령에게 집중시킨 체제야.

5·16 군사 정변

1961년 5월 16일 새벽, 군인들을 태운 탱크가 서울로 들어오면서 **박정희**를 비롯한 군인들이 정치권력을 장악하였어(5·16 군사 정변). 이로 인해 국민의 기대에 부응하지 못했던 **장면** 정부는 무력에 의해 해산되고 말았어.

모든 정당, 사회단체를 해체하고 권력을 손에 쥔 박정희는 대통령을 다섯 번이나 이어서 하게 되었고, 이 과정에서 헌법을 세 번이나 바꾸었어. 특히, 세 번째 바꾼 헌법(**유신 헌법**)은 박정희가 평생 동안 대통령을 할 수 있도록 대통령을 할 수 있는 횟수를 제한하지 않았어.

박정희 정부는 경제 분야에서 놀라운 성장을 이루어 국민의 호응을 받았어. 하지만 정권을 유지하기 위해 헌법을 여러 번 바꾸면서 민주주의의 후퇴를 가져왔어. 그럼에도 불구하고 학생과 시민들은 **유신 체제**에 반대하였고, 부산과 마산에서는 대규모 시위가 일어나기도 했어(**부마 민주 항쟁**).

10·26 사태와 12·12 사태

박정희 정부의 유신 체제에 저항하며 민주주의를 요구하는 시민들의 움직임이 거세지자, 대처 방법을 놓고 박정희 정부 내부에서 갈등이 벌어졌어.

"탕! 탕!"

1979년 10월 26일, 권력층의 핵심 인물이었던 중앙정보부장 김재규가 쏜 총탄에 박정희 대통령과 경호실장이 사망하면서 유신 체제는 막을 내렸어(**10·26 사태**).

박정희 대통령이 죽자 그동안 독재 정치로 억눌러 왔던 **민주화**에 대한 국민의 기대감은 커졌어.

권력의 공백기가 생기자 **전두환**이 주도하던 **신군부** 세력은 군사 정변을 일으켜 권력을 장악하였어(**12·12 사태**).

1980년 봄부터 대학생과 시민들은 유신 헌법을 없애고 신군부가 물러갈 것을 요구하며 시위를 벌이기 시작하였어.

5월 15일, 서울역 앞 광장은 10만여 명이나 모인 국민들의 시위 행렬로 가득 찼어.

10·26 사태: 김재규가 박정희 대통령을 살해한 사건이다.

민주화: 민주적으로 되어 가는 것. 또는 그렇게 되게 하는 것을 말한다.

신군부: 육군사관학교 출신 장교들이 만든 사조직인 '하나회'를 중심으로 정치권력을 장악한 군인 집단이다.

12·12 사태: 전두환, 노태우를 중심으로 한 신군부 세력이 일으킨 군사 반란이다.

비상계엄

非	아닐	비
常	항상	상
戒	경계할	계
嚴	엄할	엄

전쟁 등 국가의 비상 사태에 사회의 질서를 유지하기 위해 군대를 동원하는 것으로 계엄이 내려진 곳의 모든 업무는 군대가 맡아서 처리하였다.

해산: 집단이나 조직, 단체가 해체하여 없어지게 하는 것이다.

휴교령: 학생을 가르치는 업무를 포함한 학교의 모든 기능을 정지하는 명령이다.

계엄군: 비상계엄 시 전국 또는 일부 지역을 경계하는 임무를 맡는 군대를 말한다.

그런데 5월 17일에 신군부는 오히려 **비상계엄**을 전국으로 확대하면서 국회를 **해산**하였고, 정치 활동을 금지하면서 신문이나 방송 같은 언론을 장악하였어. 그리고 대학생들이 모이지 못하도록 대학교에 **휴교령**을 내렸지.

5·18 민주화 운동

5월 18일, 비상계엄 확대와 휴교령에 반발한 전남대학교 학생들이 교문 앞에 서 있던 **계엄군**과 대치하면서 시위를 벌이고 있을 때였어.

갑자기 계엄군이 나타나 학생과 시민에게 무차별적으로 폭력을 휘둘렀어.

계엄군의 지나친 진압에 광주 시민들과 학생들은 분노하였고, 수만 명이 거리로 나와 계엄군과 맞섰어.

그런데 이때 계엄군이 시민들을 향해 총을 쏘았고, 이 과정에서 많은 사람이 죽거나 다치고 말았어.

"더 이상 참을 수 없습니다!"

"계엄군을 몰아냅시다!"

⊙ 전남대학교 학생들의 시위 모습

우리는 왜 총을 들 수밖에 없었는가? 그 대답은 너무나 간단합니다. 너무나 무자비한 **만행**을 더 이상 보고 있을 수만 없어서 너도나도 총을 들고 나섰던 것입니다. ……

아! 이럴 수가 있단 말입니까? 계엄당국은 18일 오후부터 공수 부대를 대량 투입하여 시내 곳곳에서 학생, 젊은이들에게 무차별 살상을 자행하였으니!

– 광주 시민군 궐기문 일부

시민군

市	저자 **시**
民	백성 **민**
軍	군사 **군**

시민이 스스로 조직한 군대이다. 광주 시민들은 계엄군에 대항하기 위해 시민군을 만들었다.

만행: 아주 모질고 끔찍한 것을 말한다.

폭도: 폭동을 일으키거나 폭동에 가담한 사람의 무리이다.

일부 시민들이 무기 창고에서 무기를 빼앗아 무장하면서 '**시민군**'을 만들었어. 시민들이 거세게 저항하자 계엄군은 일단 광주 밖으로 물러났어.

이후 광주의 관료, 신부, 목사들이 모여 대책 위원회를 구성하였고, 시민들은 자발적으로 무기를 반납하였지. 계엄군이 물러간 일주일 동안 광주 시민들은 다친 사람을 치료하고 먹을 것을 나누면서 전라남도 도청 앞에 모여 지혜를 모았어.

대책 위원회는 정부에 평화적 협상을 요구하였지만 5월 27일 새벽, 신군부는 대규모 병력과 헬기, 탱크를 동원하여 마지막 시민군이 모여 있었던 전라남도 도청을 장악하였지.

5·18 민주화 운동은 국가 권력이 국민의 존엄성을 짓밟은 비극적인 사건이야. 당시 광주의 상황을 다른 지역에서는 전혀 알지 못하였었어. 신군부는 광주로 통하는 모든 통로와 전화까지 차단하고, 언론을 통제하면서 광주 시민을 **폭도**로 몰아갔거든. 이후 광주의 이야기가 많은 사람에게 알려지면서 신군부의 불법적인 권력 장악에 저항한 5·18 민주화 운동은 1980년대 민주화 운동의 원동력이 되었지.

◎ 전라남도 도청 앞에 모인 광주 시민들

간선제: 간접 선거 제도를 줄인 말로 일반 선거인 중간 선거인을 대표로 뽑아 그들로 하여금 선거를 하도록 하는 제도이다.

진상: 어떤 사물이나 현상의 참된 모습을 말한다.

직선제: 직접 선거 제도를 줄인 말로 대통령을 국민의 직접 선거로 선출하는 방식이다.

고문: 숨기고 있는 사실을 강제로 알아내기 위하여 육체적·정신적 고통을 주며 캐어묻는 것을 말한다.

자신들을 반대하는 모든 세력을 누른 신군부는 국회를 해산하였고, 실권을 장악한 전두환은 유신 헌법에 따라 **간선제**로 대통령이 되었어. 그리고 헌법을 고쳐 자신을 지지하는 사람들의 투표를 통해 다시 대통령에 취임하였지.

6월 민주 항쟁

전두환 정부는 언론을 장악하고 민주화 요구를 철저하게 탄압하고 통제하였어. 1980년대 중반 이후에 국민들은 5·18 민주화 운동의 **진상**을 밝힐 것과 대통령을 직접 뽑게 해 달라는 '**직선제**'를 강력히 요구하였지. 그러던 중 전 국민을 분노하게 만든 사건이 일어났어.

1987년 1월 14일, 수사 과정에서 **고문**을 받던 대학생 **박종철** 군이 숨지고 말았는데, 경찰은 '책상을 탁 치자 억 하고 죽었다'며 사건의 진실을 숨기려 했어. 여러 사람의 증언에 따라 박종철 군이 고문에 의해 숨진 것이 밝혀졌지만, 정부는 사건을 축소하고 감추는 데 급급하였지. 그럴수록 전두환 정부에 대한 국민들의 반발이 거세졌어.

게다가 전두환 대통령은 헌법을 바꾸지 않고 지금처럼 대통령을 선출하겠다고 선언하면서 직선제 논의를 금지하였어(4·13 **호헌** 조치).

이 선언은 민주화 운동을 다시 타오르게 만들었고, 박종철의 고문 사망과 관련하여 정부가 조직적으로 숨기려는 의도가 있었다는 사실이 폭로되면서 시민들은 더욱 분노하였지.

대학생과 종교인, **야당**을 중심으로 국민 운동 본부가 결성되었고, 전국적인 시위를 계획하던 중 대학생 **이한열**이 경찰이 쏜 최루탄에 맞아 생명이 위태로워지면서 시위의 불길은 더욱 타올랐어.

"호헌 철폐, 독재 **타도**!"

6월 10일, 전국에서 수십만 명이 민주화를 요구하며 시위에 나선 것을 시작으로, 6월 내내 시위가 이어졌어.

6월 26일에는 전국 34개 도시와 4개 군에서 백만여 명이 시위에 참가하였지.

호헌: 헌법을 보호하여 지키는 것을 말한다.

야당: 현재 정권을 잡고 있지 아니한 정당을 말한다(↔여당).

타도: 어떤 대상이나 세력을 쳐서 거꾸러뜨리는 것을 말한다.

직접 선거

直 곧을 **직**

接 접할 **접**

選 가릴 **선**

擧 들 **거**

1987년 6월 대통령 직선제로 헌법을 개정할 것을 요구하는 대규모 시위가 벌어졌다. 당시 대통령 후보였던 노태우가 국민의 요구를 받아들인다고 발표하였고, 이후 국민의 손으로 직접 대통령을 선출할 수 있게 되었다.

★ **참고 자료**

6·29 민주화 선언에 담긴 내용: 대통령 직선제, 언론의 자유 보장, 지방 자치제 시행, 지역 감정 없애기 등의 내용을 담고 있다.

결국 6월 29일에 전두환 대통령은 호헌 조치를 거두고, 여당의 대통령 후보였던 노태우를 통해 대통령 직선제를 수용한다는 특별 선언을 발표하였어(**6·29 민주화 선언**). 이 선언으로 대통령 선거가 간접 선거에서 국민 투표에 의한 **직접 선거**로 바뀌었어.

국민의 뜻을 따라 직선제를 선언합니다.

대통령 직선제 선언

6월 민주 항쟁은 4·19 혁명, 5·18 민주화 운동과 더불어 우리나라의 민주주의 발전에 크게 기여한 투쟁이었어. 국민의 힘으로 민주주의의 발전을 이룬 것에 큰 의미가 있지. 박정희 정부 이후 계속되었던 군사 독재를 국민의 힘으로 끝을 냈어.

전국에 민주화의 바람이 불어 왔고, 사람들에게는 언론과 모임의 자유가 찾아왔어.

그리고 헌법이 고쳐져 1987년 12월에 치러진 대통령 선거에서는 국민이 직접 대통령을 선출하게 되었지.

많은 사람의 희생과 노력으로 비로소 우리나라는 자유 민주주의의 발전을 향한 큰 걸음을 내딛게 되었단다.

제13대 대통령 선거! 누가 당선되었을까?

1987년 12월 대통령 선거는 그 어느 때보다도 국민들의 관심이 높았어. 18년 만에 국민들이 직접 투표로 대통령을 선출하게 되어서이기도 하였지만, 신군부 출신의 여당 후보 노태우, 민주화 운동에 앞장섰던 김영삼과 김대중, 한때 박정희 정부의 2인자였던 김종필이 모두 대통령 후보로 출마하였기 때문이지. 투표 결과는 어떻게 되었을까?

제13대 대통령 선거 포스터

당선

노태우
(36.64%)
└ 제13대 대통령
(1988)

김영삼
(28.03%)
└ 제14대 대통령
(1993)

김대중
(27.04%)
└ 제15대 대통령
(1998)

김종필
(8.06%)

민주화 운동에 참여하였던 사람들의 표가 김영삼과 김대중으로 나뉘어서 여당 후보가 대통령에 당선이 되었어요.

그렇군요. 36.64% 득표율로 대통령에 노태우가 당선되었네요!

우리나라 대통령이셨던 분들이 많이 보여요.

노태우 대통령에 이어 김영삼, 김대중이 대통령이 되었다고 알고 있어요.

1 다음 ( ) 안에 들어갈 알맞은 말에 ○표 하세요.

5·18 민주화 운동은 (부산 / 광주)에서 일어났어.

박정희가 정권을 장악하고 세 번째 바꾼 헌법은 자신이 평생 동안 대통령을 할 수 있게 한 (유신 / 민주) 헌법이야.

2 다음 사건이 일어난 시기를 연표에서 찾아 각각 기호를 써 보세요.

1960	1963	1972	1979	1981	1987(년)
(가)	(나)	(다)	(라)	(마)	
4·19 혁명	박정희 정부 성립	유신 헌법 제정	10·26 사태	전두환 정부 성립	노태우 대통령 당선

❶ 5월 16일 박정희가 정변을 일으켜 권력을 차지하였다. (　　)

❷ 6월 10일 대통령 직선제 개헌을 요구하며 시위가 일어났다. (　　)

❸ 5월 18일 광주에서 계엄군에 의해 학생과 시민들이 희생되었다. (　　)

❹ 10월 16일 박정희 유신 체제에 반대하여 부산과 마산에서 시위가 일어났다.

(　　)

3 1980년대에 일어난 우리나라의 민주화 운동을 정리한 거예요. 빈칸에 알맞은 말을
써 보세요.

1 (   )

박정희 대통령이 암살되자 전두환을 중심으로 한 신군부가 등장했어요. 시민들은
유신 헌법 철폐와 신군부 퇴진을 외치며 시위를 했어요. 계엄군이 시위를 강압적으
로 진압하였어요. 이때 많은 광주 시민들이 계엄군의 진압에 의해 죽거나 다쳤어요.
이 운동은 1980년대 민주화 운동의 중요한 원동력이 되었어요.

2 (   )

전두환은 이전 헌법대로 대통령을 간접 선거로 뽑겠다고 했어요. 이에 분노한 시민
들은 '호헌 철폐, 독재 타도'를 외치며 민주화를 요구하는 시위를 했어요. 시위를 하
던 도중 이한열 학생이 최루탄에 맞아 숨지면서 시위는 더욱 거세졌어요. 결국 국
민의 요구에 따라 대통령 후보였던 노태우가 대통령 직접 선거와 국민의 기본권을
보장한다는 내용의 민주화 선언을 발표했어요.

1 다음은 5·16 군사 정변 직후의 박정희와 군인들의 모습이에 요. 1972년 박정희 대통령이 제정한 헌법은 무엇인지 쓰고, 이 헌법이 우리나라 민주주의에 미친 영향을 써 보세요.

tip 이 헌법은 경제 성장, 평화 통일, 국가 안보 등을 위해 제정하였대.

1 1972년에 제정한 헌법: (   )

2 이 헌법이 민주주의에 미친 영향

박정희

2 영화 〈택시 운전사〉에 대한 글이에요. 밑줄 친 등장인물 중 한 사람을 선택하고, 1980년 5월의 광주가 선택한 인물의 눈에 어떻게 보였을지 일기로 써 보세요.

tip 5·18 민주화 운동 현장을 보며 각각의 인물은 어떤 생각을 했을까?

홀로 어린 딸을 키우는 서울의 평범한 <u>택시 운전사 김만섭</u>은 택시비를 벌기 위해 광주에서 무슨 일이 벌어지고 있는지도 모른 채 <u>독일 기자 위르겐 힌츠페터</u>를 태워 광주로 향한다. 위르겐 힌츠페터는 '사건이 있는 곳은 어디든 가는 것이 기자'라고 담담하게 말한다. 이 두 인물의 공통점은 인간의 기본적인 '*도리'에 충실하다는 점이다. 택시비를 받았으니 손님을 목적지까지 무사히 데려다주어야 한다는 택시 운전사의 도리와 고립된 광주에서 벌어지고 있는 일을 알려야 한다는 독일 기자의 도리에서부터 영화는 시작한다.

* 도리: 사람이 어떤 입장에서 행하여야 할 바른길을 말한다.

○ 영화 〈택시운전사〉 포스터

1980년 5월 ○○일

3 6월 민주 항쟁의 결과 대통령 후보였던 노태우가 6·29 민주화 선언을 발표하였어요.

tip 6월 민주 항쟁에서 시민과 대학생이 이루고자 한 것은 무엇인지 생각해 봐.

대통령 직선제 개헌을 하고 새 헌법에 의한 대통령 선거를 실시하겠습니다. …… 국민은 나라의 주인이며, 국민의 뜻은 모든 것에 우선하는 것입니다.

대통령 직선제 선언

❶ 밑줄 친 '대통령 직선제' 실시로 대통령 선출 방식이 이전과 어떻게 달라졌을까요?

❷ 당시 국민들이 대통령 직선제 개헌으로 이루고자 했던 것은 무엇일까요?

4 우리나라 민주화 운동의 공통점을 생각해 보고, 만약 이와 같은 운동이 일어나지 않았다면 오늘날 우리의 모습은 어떠하였을지 상상해서 써 보세요.

tip 민주화 운동은 왜 일어났으며, 어떤 변화를 가져왔는지 생각해 봐.

○ 4·19 혁명

○ 5·18 민주화 운동

○ 6월 민주 항쟁

❶ 우리나라에서 일어난 민주화 운동의 공통점은?

----

❷ 만약 민주화 운동이 일어나지 않았다면?

✿ 우리나라는 수많은 사람의 희생과 노력으로 민주주의가 발전했어요. 민주화 운동이 일
어난 순서대로 길을 따라 민주주의에 도착해 보세요.

▶〈가이드북〉 14쪽에 답이 있어요.

출처

사진

12쪽   헤이그 특사 | 위키피디아

13쪽   조선 총독부 | 위키피디아

14쪽   한일 병합 조약 | 헬로포토

15쪽   의병, 대한매일신보 | 위키피디아
       안중근 거사, 대성 학교 | 독립 기념관

18쪽   이회영, 안창호 | 위키피디아

21쪽   경복궁 내 조선 총독부, 건물 철거 직후, 복원 중인 경복궁 | 헬로포토

29쪽   독립 선언서 | 독립 기념관

33쪽   제암리 | 독립 기념관

35쪽   대한민국 임시 정부 청사 | 위키피디아

36쪽   독립 공채, 임시 의정원 | 독립 기념관

37쪽   민족 대표 33인 | 독립 기념관

46쪽   홍범도 | 위키피디아

49쪽   김좌진 | 위키피디아

51쪽   청산리 대첩 | 독립 기념관

53쪽   신채호, 이육사 | 위키피디아

60쪽   김구 | 위키피디아
       이봉창, 윤봉길 | 독립 기념관

69쪽   수요 시위 | 헬로포토

83쪽   신탁 통치 반대 시위 | 위키피디아

84쪽   이승만, 김구 | 위키피디아

85쪽   총선거 포스터 | 국립 민속 박물관

86쪽   대한민국 정부 수립 경축식 | 독립 기념관

88쪽   미소 공동 위원회, 광복, 총선거 | 위키피디아

100쪽 정전 협정서 | 위키피디아

101쪽 휴전선 | 헬로포토
       폐허 도시 | 위키피디아

112쪽 이승만 | 위키피디아

앗!

본책의 가이드북을 분실하셨나요?
길벗스쿨 홈페이지에 들어오시면
내려받으실 수 있습니다.

기적의
역사 논술

가이드북

5권

history Point 문제의 경우에만 정답을 확인하시고 정오답을 체크해 주십시오.
Talk history 논술형 문제에 해당하는 모범 답안은 참고만 하셔도 됩니다.
역사적 사실을 서술하는 문제의 경우는 방향을 맞게 잡고 서술하고 있는지만 확인해 봐 주시고, 아이들의
다양한 생각 표현이 모범답과 다르다고 하여 틀렸다고 결론내지 마십시오. 문제를 해결하고 의사를 결정하
는 데 있어 아이 나름대로 근거가 있고, 타당한 대답이라면 정답으로 인정합니다. 이치에 맞지 않은 답을 한
경우에만 수정하고 정정할 기회를 주시기 바랍니다. 탐구하는 과정에 집중해 주세요.

다소 엉뚱하지만 창의적이고,
기발하면서 논리적인 대답에는 폭풍 칭찬을 잊지 마세요!

부디 너그럽고 논리적인 역사 논술 가이드가 되길 희망합니다.

1 나라를 빼앗기다

1 일제의 무단 통치와 관련된 그림과 초성을 보고, 알맞은 말을 써 보세요.

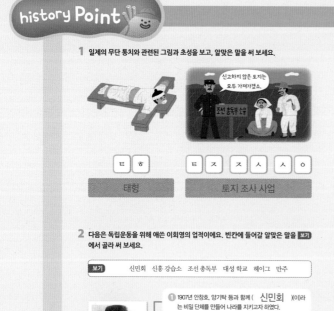

ㅌㅎ	ㅌㅈㅈㅅㅅㅇ
태형	토지 조사 사업

2 다음은 독립운동을 위해 애쓴 이회영의 업적이에요. 빈칸에 들어갈 알맞은 말을 [보기] 에서 골라 써 보세요.

[보기] 신민회 신흥 강습소 조선 총독부 대성 학교 헤이그 만주

❶ 1907년 안창호, 양기탁 등과 함께 (신민회)(이)라 는 비밀 단체를 만들어 나라를 지키고자 하였다.

❷ 대한 제국이 일본의 손에 넘어가자 형제들과 함께 전 재산을 처분하고 (만주)(으)로 떠났다.

❸ (신흥 강습소)을/를 세워 민족 교육과 군사 교육을 실 시하였고, 이 학교는 신흥 무관 학교로 발전하였다.

○ 이회영

3 일제에게 빼앗긴 주권을 되찾기 위해 독립운동가들은 맞서 싸웠어요. 독립운동가가 되어 빈칸에 들어갈 알맞은 말에 ○표 하면서 독립을 향해 달려 볼까요?

❶ 1910년 (   )을 통 해 일제는 대한 제국의 주권을 빼앗았다.

❷ 한국의 국권 강탈 이후 식민 통치의 최고 기구로 (   ) 를 설치하였다.

❸ 일제의 탄압을 피해 독립운동 가들이 국외에 모여 단체를 세운 지역은?

❹ 신흥 무관 학교를 세워 독립군 양성에 힘쓴 인물은?

1 (예) 의병을 일으켜 일본군과 싸웠다. / 신문을 만들어 일제의 부당한 침략을 국내외에 알렸다. / 일제의 침략에 도움을 준 사람을 처단했다. / 학교를 세워 민족의 힘을 길렀다.

2 (예) 무단 통치기에는 개인의 자유가 침해되었고, 선생님과 경찰을 보면 무섭고 공포스러웠을 것이다. / 일제에 대한 분 노와 독립에 대한 열망이 강하였을 것이다. / 폭력적이고 억압 당하는 상황에서 일제에 저항하지 못하였을 것이다.

3 ❶ (예) 농사짓던 한국인들은 토지를 잃기도 했다.
   ❷ (예) 조선 총독부의 토지세 수입이 많아졌다.

4 ❶ (예) 나라를 일제에 빼앗긴 것에 대해 책임을 느끼고 나라를 되찾기 위한 독립운동을 위해 만주로 떠났다.
   ❷ (예) 이회영처럼 독립군을 키우는 일에 재산을 아끼지 않고 사회적 책임을 다하며 독립운동을 할 것이다. / 우리 가 족이 피해를 입지 않는 정도로 독립운동을 지원할 것이다.

5 ❶ (예) 조선의 멸망을 상징적으로 보여 주기 위해 조선 총독부를 세웠다. / 일본이 통치자라는 것을 알리기 위해서 세웠다.
   ❷ (예) 찬성, 일제의 식민지 정책을 총지휘하던 곳이 우리나라 중심부에 아직도 자리 잡고 있어서는 안 된다. / 반대, 일 제 강점기도 우리 역사이므로 후손에게 아픈 역사를 반복하지 말라는 교훈을 주기 위해 보존해야 한다.

해설

1 을사늑약이 체결되자 많은 한국인들은 을사늑약의 부당함을 알리고 국권을 수호하기 위해 여러 방면으로 노력하였습니다. 그럴수록 일제의 탄압은 심해졌지만 우리 민족은 이에 굴하지 않고 항일 운동을 펼쳤습니다.

2 국권을 빼앗은 일제는 조선 총독부를 설치하고, 헌병 경찰제를 통해 강압적인 무단 통치를 실시하였습니다. 헌병 경찰은 재판 없이 한국인을 처벌하면서 공포 분위기를 조성하였는데, 학교 선생님도 제복을 입고 칼을 착용한 것을 통해 당시의 상황이 강압적이고 공포스러웠음을 짐작할 수 있습니다.

3 일제는 우리나라의 토지를 빼앗기 위해 토지 조사 사업을 실시하였습니다. 토지의 가격, 모양, 크기 등을 정해진 날까지 신고해야 했는데, 이 과정에서 많은 농민들이

농사지을 땅을 잃게 되어 처지가 더욱 어려워졌습니다. 국유지로 정해져 동양 척식 주식 회사를 통해 일본인에게 헐값에 팔렸습니다.

4 이회영과 다섯 형제들은 일제에 의해 대한 제국의 군대가 해산되자 전 재산을 팔아 만주로 건너갔고, 그곳에 신흥 강습소(이후 신흥 무관 학교)를 세워 독립군을 양성하는 등 독립운동을 펼쳤습니다.

5 조선 총독부는 1926년 일제가 조선 왕실의 상징이었던 경복궁 근정전 앞에 세운 것입니다. 조선의 식민 통치를 담당하였고, 조선의 탄압과 수탈을 총지휘하였습니다. 광복 이후 정부 중앙 청사로 이용되었다가 국립 중앙 박물관으로도 사용되었습니다. 1995년에 일제의 잔재를 제거한다는 의미로 철거가 시작되었습니다.

2 3·1 운동, 대한 독립 만세!

history Point

1 다음 (가), (나)에 들어갈 알맞은 내용을 보기 에서 찾아 써 보세요.

3·1운동
1. 배경: 도쿄 유학생의   (가)   발표, 고종 황제의 서거
2. 참여: 전국의 남녀노소 모두
3. 전개: 서울에서 독립 선언과 만세 시위 → 주요 도시, 농촌, 해외까지 확산
4. 영향: 중국 상하이에, 독립운동을 이끌어 갈   (나)   수립

보기
2·8 독립 선언   독립 선언서   한성 정부
대한 국민 의회   대한민국 임시 정부

(가): (2·8 독립 선언)   (나): (대한민국 임시 정부)

2 3·1 운동 만세 시위 중에 사용하였던 태극기는 어떤 모양이었는지 보기 를 참고하여 그려 보세요.

3 다음 3·1 운동과 대한민국 임시 정부의 내용을 떠올리며 빈칸에 들어갈 알맞은 말을 써 보세요.

 ❶ 우리 민족은 민족 자결주의와 2·8 독립 선언의 영향을 받아 독립운동을 계획하였어요. 민족 대표 33인을 구성하여 고종 의 장례일에 만세 시위를 계획하였어요.

 ❷ 1919년 3월 1일, 학생과 시민이 탑골 공원에 모여 독립 선언서 을/를 발표한 후 거리로 나가 '대한 독립 만세'를 외치며 만세 시위를 벌였어요. 전국으로 퍼진 만세 운동은 국외로도 확산되었어요.

 ❸ 일제는 총칼로 만세 시위 현장을 진압하였고, 시위에 참여한 사람을 탄압하면서 비록 3·1 운동 은/는 일제의 탄압으로 좌절되었지만 우리 민족의 독립 의지를 전 세계에 알린 계기가 되었어요.

 ❹ 각지에 세워진 임시 정부는 상하이 의 대한민국 임시 정부로 통합되었어요. 임시 정부는 독립 공채 을/를 발행하여 독립 자금을 모으고, 「독립신문」을 만들어 활동을 알렸어요.

1 ❶ 〔예〕일제는 우리 민족의 독립 의지를 꺾지 못한다! / 평화적인 시위를 무력으로 탄압하지 마라! / 우리는 결국 독립할 것이다!

  ❷ 〔예〕우리 민족의 독립 의지가 강하였기 때문이다. / 고종의 장례식에 참석하였던 사람들이 고향으로 내려갔기 때문이다. / 종교계 지도자들을 중심으로 전국적인 만세 운동이 계획되었기 때문이다. / 일제의 강압적인 무단 통치에 대해 많은 사람들이 저항하였기 때문이다.

2 ❶ 〔예〕일제로부터 독립하려는 의지가 강하였기 때문이다. / 일제의 통치가 부당하다고 생각하였기 때문이다.

  ❷ 〔예〕존경, 일제의 고문에도 마음을 바꾸지 않고 끊임없이 만세를 외쳤기 때문이다. / 감사, 어린 나이에도 불구하고 만세 운동을 하며 독립을 위해 애쓰신 유관순 열사에게 감사한 마음이 들기 때문이다.

3 ❶ 상하이 / 〔예〕서양 여러 나라의 공사관과 조계 지역이 있어 외교 활동에 유리하였기 때문이다. / 각 지역의 독립운동 세력과 연락이 편리하였기 때문이다.

  ❷ 〔예〕연해주, 무장 투쟁에 유리하고 우리나라와 가깝기 때문이다. 그리고 우리 민족이 많이 살고 있기 때문이다. / 서울, 국내여서 불리하기도 하지만 유리한 점도 있을 것이다. 힘을 모아서 제2의 3·1 운동을 일으키거나, 일제의 통치 기구를 직접 공격할 수 있기 때문이다. / 미국, 안전하게 정부를 운영하고 외교 활동을 통해 세계에 독립 의지를 알릴 수 있기 때문이다.

4 〔예〕큰 병에 걸려도 병원비 걱정 없이 치료를 받을 수 있는 나라였으면 좋겠어요. / 공부를 잘 못해도 혼이 나거나 차별받지 않고, 내가 잘하는 것을 인정해 주는 나라였으면 좋겠어요.

해설

1 1919년 3월 1일 태화관과 탑골 공원에서 독립 선언서를 낭독한 것을 시작으로 3·1 운동이 시작되었고, 전국은 물론 해외까지 만세 운동은 확산되었습니다. 만세 시위가 확산되자 일제는 군대까지 동원하여 무력으로 진압하였습니다. 이 과정에서 많은 사람들이 죽거나 감옥에 갇혔습니다.

2 3·1 운동이 일어나고 학생들의 시위가 계속되자 일제는 전국적으로 휴교령을 내렸습니다. 유관순은 고향인 천안으로 내려가 사람들에게 감추어 온 독립 선언서를 내보이며 서울에서의 만세 운동 소식을 전하였습니다. 1919년 4월 1일, 유관순은 수천 명이 참여한 아우내 장터의 만세 시위를 주도하였다며 체포되었고, 옥중에서도 만세 운동을 주도하다 가혹한 고문 끝에 순국하였습니다.

3 3·1 운동 직후 국내외에서 임시 정부가 수립되었습니다. 러시아 연해주의 블라디보스토크에는 대한 국민 의회가 세워졌고, 중국 상하이에는 대한민국 임시 정부가 세워졌습니다. 또한 서울에는 한성 정부가 세워졌습니다. 세 임시 정부의 통합 논의 과정에서 정부를 무장 독립 투쟁에 유리한 연해주에 두어야 한다는 주장과 서양 국가의 조계 지역이 많아 외교 활동에 유리한 상하이에 두어야 한다는 주장이 맞섰습니다. 마침내 1919년 9월, 상하이에 대한민국 임시 정부가 세워졌습니다.

4 대한민국 임시 헌장은 1919년 4월 11일 일제 강점기에 독립운동가들이 회의를 열어 제정한 헌법입니다. 이 헌법에는 당시 우리 민족의 독립에 대한 소망이 담겨 있습니다. 임시 헌장을 보고 현재 내가 소망하는 나라는 어떤 나라인지 써 보면서 나라에 대해 고마운 마음을 가져 봅니다.

history Point

1 봉오동 전투에 대해 잘못 말한 두 친구를 골라 ○표 하세요.

김좌진 장군이 이끌었던 전투야.

대한 독립군이 일본군을 물리친 전투야.

일본군을 봉오동의 깊숙한 골짜기로 유인하는 작전을 펼쳤어.

대한 독립군과 북로 군정서군이 연합하여 크게 승리했어.

서준 ○ 수지 □ 정국 □ 주희 ○

2 다음 그림을 보고, 알맞은 내용에 ○표 하세요.

김좌진 장군. 우리 힘을 합쳐 일본군을 물리칩시다.

그럽시다. 홍범도 장군.

❶ 홍범도 장군이 이끌었던 부대가 일본군에 패하자 김좌진 장군과 연합하였다.
( )

❷ 홍범도 장군과 김좌진 장군이 이끌었던 독립군 부대의 연합으로 일본군을 물리친 전투를 청산리 대첩이라고 한다. (○)

3 다음 인물 카드를 보고, 업적에 해당하는 인물은 누구인지 이름을 써 보세요.

(홍범도)
• 대한 독립군의 총사령관이 되어 국내 진입 작전을 전개하였다.
• 봉오동에서 일본군에게 큰 승리를 거두었다.

(김좌진)
• 북로 군정서군의 총사령관이 되어 독립운동을 이끌었다.
• 일본군을 크게 무찌른 청산리 대첩을 지휘했다.

(신채호)
• 역사학자로 독립운동에 참여하였다.
• 이순신, 을지문덕 등 나라를 지킨 위인의 전기를 써서 민족의 애국심을 일깨워 주었다.

(이육사)
• 시인이자 독립운동가이다.
• 의열단에 가입하여 활동하였다.
• 항일 저항시인 『청포도』, 『광야』 등을 남겼다.

Talk history

1 (가) 봉오동 전투, (나) 청산리 대첩
예 우리나라와 가까워서 접근이 쉽고 한반도보다 안전하며, 한국인이 많이 살고 있어 독립운동에 유리하기 때문이다.

2 ❶ 예 청산리의 지형을 잘 이용하여 유리한 지점을 차지하였기 때문이다. / 청산리에 살고 있는 많은 한국인의 도움을 받았기 때문이다.

❷ 예 독립을 위해 우리 민족이 계속 싸우고 있음을 알게 되었을 것이다. / 일제의 보복으로 간도에 거주하는 한국인들이 큰 피해를 입었다. / 일본군과 싸워 이길 수 있다는 자신감과 독립에 대한 희망이 생겼다.

3 예 민족정신 대 / 신채호 / 우리 역사를 끊임없이 공부하고 역사책을 저술하여 많은 사람들의 민족정신을 일깨워주고, 민족주의 사학을 세워 일제의 식민 사학과 역사 왜곡을 비판하는 등 평생을 독립운동에 헌신하였기에

4 해설 참고
예 제목: 대한민국 봉오동, 청산리 대첩 100주년 / 디자인 요소: 김좌진, 홍범도, 봉오동, 청산리 배경 / 발행 목적 및 의도: 봉오동과 청산리에서 일제에 맞서 싸워 승리를 이끈 김좌진, 홍범도 장군을 기념하고 기억하고자 우표를 발행한다.

1 간도(만주) 지역은 한반도와 가까워 접근하기 쉽고, 일제가 직접 지배하는 곳이 아니어서 상대적으로 안전하였기 때문에 일찍부터 많은 한국인이 건너가 살고 있었습니다. 따라서 많은 항일 단체와 독립군이 이곳에 자리 잡게 되었습니다.

2 봉오동 전투의 패배로 일제는 많은 병력을 동원하여 만주의 독립군을 공격하였습니다. 김좌진이 이끄는 북로 군정서군 등 독립군 연합 부대는 유리한 지형을 먼저 점령하여 일본군에 반격을 가하였습니다. 청산리 일대에 많은 한국인이 살고 있었기에 도움을 받으며 준비를 철저하게 할 수 있었고, 상황에 맞게 신속한 대응을 할 수 있었습니다.

3 봉오동 전투를 승리로 이끌었던 홍범도, 청산리 대첩을 승리로 이끌었던 김좌진, 우리나라 역사 연구가 곧 독립 운동이라고 하였던 신채호, 죽는 날까지 일제에 저항하며 시를 남긴 이육사의 업적을 생각하며 독립운동가들에게 고마운 마음을 담아 상장을 수여해 봅니다.

4 (예)

대한민국 봉오동,청산리 대첩 **100주년**

2020년은 봉오동 전투와 청산리 대첩이 일어난 지 100년이 되는 해입니다. 일제의 탄압 속에서도 우리 독립군은 봉오동과 청산리에서 일본군에 큰 승리를 거두었습니다. 목숨 받쳐 싸운 독립군들의 희생과 정신을 우표를 통해 기억하며 마음속에 새겨 봅니다.

---

4 나라를 되찾기 위해 싸우다

history Point

1 다음 가로 세로 풀이를 읽고, 십자말 풀이를 해 보세요.

		한	
❶한	인 애	국	단
		광	
	중	복	
	❷일	본	군 '위 안 부'
	전		
	쟁		

가로 풀이
❶ 김구가 조직한 단체로 이봉창과 윤봉길 의사가 활약함.
❷ 일본군을 위해 강제로 끌고 간 우리나라 여성을 가리키는 말

세로 풀이
❶ 1940년 대한민국 임시 정부가 창설한 군대
❷ 1937년 일본이 중국 본토 전체를 차지하기 위해 일으킨 전쟁

2 선생님의 질문에 알맞게 대답한 학생을 모두 골라 ○표 하세요.

일제가 한국인을 일본 왕에게 충성하는 국민으로 만들기 위해 실시한 일은 무엇인가요?

□ 조선 총독부 건물에 참배할 것을 강요했어요.

○ 일본과 조선이 하나라고 주장했어요.

○ 성과 이름을 일본식으로 바꾸게 했어요.

3 대한민국 임시 정부의 활동을 중심으로 1930년대와 1940년대 민족 운동을 정리해 보세요.

대한민국 임시 정부의 활동

1930년대	1940년대

- (**한인 애국단**)은/는 1931년에 중국 상하이에서 김구 주도로 조직한 단체이다.
- 이 단체에서 활동한 윤봉길은 1932년 상하이 (홍커우 공원)에서 일본군 총사령관을 향해 폭탄을 던졌다.
- 윤봉길의 의거로 인해 중국 국민당 정부는 대한민국 임시 정부의 활동을 적극 지원하게 되었다.

- (**한국 광복군**)은/는 1940년에 중국 충칭에서 창설된 군대이다.
- 대한민국 임시 정부의 정규군이었으며, 연합군의 일원으로 전쟁에 참여하여 일본에 맞섰다.
- 이 군대는 1945년 미군의 도움을 받아 (독수리 작전)을/를 펴기로 계획하였으나 일본의 무 (국내 진공 작전)조건 항복으로 작전은 실행되지 못하였다.

1 ❶ 〔예〕 민족의 독립을 위해 자신을 희생하려는 그대의 마음이 존경스럽네.

　　❷ 〔예〕 이 한 몸을 희생하여 의거를 반드시 성공할 것입니다. 우리 민족의 독립 의지를 전 세계에 알리겠습니다.

　　❸ 〔예〕 대한민국 임시 정부가 중국 정부의 적극적인 후원을 받게 되었다. / 임시 정부와 독립운동에 활력을 불어넣었다.
　　　　/ 일제의 탄압이 심해져 임시 정부가 상하이를 떠났다.

2 ❶ 〔예〕 한국인의 민족의식을 사라지게 하여 독립 의지를 약화시키고 일본인처럼 만들기 위해서이다. / 침략 전쟁에 한
　　　　국인을 동원하기 위해서이다.

　　❷ 〔예〕 신사에 참배하게 하였다. / 성과 이름을 일본식으로 바꾸게 하였다. / 일본과 조선이 하나라고 주장하였다. / 우
　　　　리말, 우리글 사용을 금지하고, 일본어를 사용하게 하였다. / 우리 역사 교육을 금지하였다.

3 ❶ 〔예〕 우리의 힘으로 독립을 이루지 못하였기 때문이다. / 열심히 준비한 작전을 실행하지 못했기 때문이다.

　　❷ 〔예〕 우리 힘으로 일본군을 몰아냈기 때문에 연합군이 들어와 새로운 나라를 세울 때 임시 정부와 독립군을 인정해
　　　　주었을 것이다. / 남북이 갈라지지 않았을 것이다.

4 〔예〕 일본이 사죄할 때까지 저희가 늘 곁에서 지켜드릴게요! / 할머니께서는 혼자가 아닙니다. / 국민 모두가 할머니와 함
　　께하고 있어요. 힘내세요!

해설

1 일제는 상하이 훙커우 공원에서 일본 천황의 생일과 상
하이 사변의 승리를 축하하는 기념식을 열었습니다. 한
인 애국단을 만든 김구와 단원이었던 윤봉길은 이 날만
을 기다렸습니다. 윤봉길은 폭탄을 던져 성공적인 거사
를 치렀고 시라카와 최고 사령관과 상하이 일본 거류민
단장을 처단하였습니다. 이를 계기로 중국 국민당 정부
도 한국의 독립운동을 적극 지원하게 되었습니다.

2 일제는 침략 전쟁을 확대하면서 한국인을 일본 천황에
게 충성하는 백성으로 만들기 위해 황국 신민화 정책을
강요하였습니다. 이는 한국인의 민족의식을 사라지게
하여 독립운동을 약화시키고, 침략 전쟁에 한국인을 동
원하려는 목적이었습니다. 이러한 목적을 달성하기 위
해 일제는 황국 신민 서사를 억지로 외우게 하였고, 전
국 각지에 신사를 지어 놓고 참배할 것을 강요하였습니
다. 심지어는 성과 이름도 일본식으로 바꾸도록 하였습
니다.

3 한국 광복군은 독립을 직접 쟁취하기 위한 국내 진공 작

전, 일명 '독수리 작전'에 심혈을 기울였습니다. 미국과
협약을 맺어 국내로 침투할 부대를 조직하고 필요한 특
수 훈련을 받는 한편, 부대원들을 국내에 침투시켜 무장
투쟁의 거점을 확보하고, 연합군의 상륙과 때를 맞춰 우
리 힘으로 일본군을 몰아내려는 계획을 세웠습니다. 그
러나 작전을 실행하기 직전, 일제의 항복으로 뜻을 이루
지 못하였습니다.

4 일본군 '위안부'는 일본군이 침략 전쟁을 일으키던 시기
에 일본군과 일본 정부에 의해 전쟁터로 끌려가 모진 고
통을 당한 여성을 가리키는 말입니다. 당시 우리나라뿐
만 아니라 중국, 필리핀, 타이완, 네덜란드 등의 여성들
도 강제로 동원되어 지속적으로 성폭력과 인권 침해를
당하였습니다. 하지만 일본 정부는 진심 어린 사죄는커
녕 명확한 사실 인정도 하지 않고 있습니다. 또한 일본
군 '위안부' 강제 동원은 전쟁 범죄이자 여성 인권과 관
련된 문제이기 때문에 우리 모두가 관심을 가져야 합
니다.

5 8·15 광복을 맞이하다

1 다음 빈칸에 들어갈 알맞은 말을 써 보고, 글자판에서 찾아 ◯해 보세요.

❶ 광복 직후 미국과 ◯◯이/가 북위 38 도선을 기준으로 한반도를 점령했다. **소련**

❷ 다른 나라가 우리나라를 일정 기간 동안 다스리는 일을 말한다. **신탁 통치**

❸ 제헌 국회에서 정한 나라 이름은 ◯◯ ◯◯이다. **대한민국**

❹ 우리나라의 첫 번째 대통령은 ◯◯◯ 이다. **이승만**

❺ 김구와 김규식은 통일 정부 수립을 위해 평양에서 열린 ◯◯ ◯◯에 참여했다. **남북 협상**

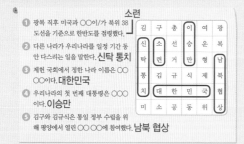

2 (가) 시기에 들어갈 사진을 골라 ◯표 하세요.

◯ 8·15 광복(1945) (가) ◯ 5·10 총선거(1948)

◯ 대한민국 정부 수립　◯ 휴전선 설치　◯ 미소 공동 위원회 개최

3 8·15 광복부터 대한민국 정부 수립까지의 내용을 문제 풀기 게임으로 정리해 보세요.

1 ❶ 〔예〕 아! 드디어 광복이다. 드디어 일본식 이름이 아닌, 한글로 된 나의 이름을 다시 찾았다. 학교에 가니 우리말과 우리글을 쓸 수 있고, 아침마다 외워야 했던 황국 신민 서사를 외울 필요가 없었다. 칼을 차고서 수업하셨던 일본인 선생님들이 일본으로 돌아갔고, 우리나라 선생님께 우리말로 수업을 배웠다. 교실에서 일장기가 사라지고 태극기를 볼 수 있게 되었다. 오늘도 내일도 앞으로 계속 우리말을 쓸 수 있다니 꿈은 아니겠지?

2 ❶ 〔예〕 일제로부터 벗어난 지 얼마나 되었다고 신탁 통치인가? 우리 민족이 주인이 되는 나라를 세워야 한다!

❷ 〔예〕 임시 정부를 수립하는 것이 중요해! 빠른 독립을 위해 임시 정부를 먼저 수립하고 신탁 통치를 논의해야 한다.

3 〔예〕 이승만, 당시 미국과 소련의 입장 차이가 좁혀지지 않아 현실적으로 남한만의 정부를 수립하는 수밖에 없었다. / 김구, 단독 정부를 세우면 우리 민족은 둘로 갈라질 것이다. 분단 국가가 세워지기 전에 남북 간에 협상을 해야 한다.

4 ❶ 〔예〕 일정한 나이가 된 모든 국민에게 선거권을 준다(보통 선거). 성별과 종교, 재산 등의 제한이 없이 누구나 한 표를 행사한다(평등 선거). 다른 사람이 알 수 없도록 투표한다(비밀 선거). 직접 투표한다(직접 선거).

❷ 〔예〕 남북 지도자 간에 회의를 열어 통일을 위해 노력한다. / 친일파를 처벌하고 독립운동가에게 혜택을 준다.

해설

1 1945년 8월 15일, 우리 민족은 1910년부터 35년간 한반도를 식민 지배하였던 일제로부터 해방되었습니다. 일제의 지배와 억압으로부터 자유를 얻은 우리나라 사람들은 기뻐하며 거리로 나왔습니다. 만세 소리가 전국에 울려 퍼지고 사람들은 태극기를 흔들며 기뻐하였습니다.

2 모스크바 3국 외상 회의에서 미국, 소련, 영국의 외무 장관은 한반도에 임시 정부를 수립할 것과 정부 수립 이전에 최대 5년간의 신탁 통치를 실시할 것을 결정하였습니다. 회의 결과가 알려지자 대부분의 정당과 단체는 신탁 통치에 반대하였으나, 일부 세력은 임시 정부 수립이 중요하다고 판단하여 회의 결정을 지지하는 입장으로 바꾸었습니다. 이러한 입장 차이는 대립으로 나타났고, 갈등과 충돌은 점차 심해졌습니다.

3 이승만과 김구는 정치적 대립 관계였지만 신탁 통치를 반대하는 것에는 뜻을 같이 하였습니다. 그러나 미소 공동 위원회가 결렬된 이후 이승만은 단독 정부 수립을 주장하였고, 김구는 통일 정부 수립을 주장하면서 서로 다른 길을 걷게 되었습니다. 이승만은 현실적으로 남한만이라도 정부를 수립하는 것이 시급하다고 판단하였고, 김구는 단독 정부 수립은 곧 남북 분단이라고 생각하여 반대하였습니다.

4 1948년 5월 10일, 38도선 이남 지역에서 유엔 한국 임시 위원단의 감시 아래, 우리나라 최초의 민주 선거가 실시되었습니다. 5·10 총선거는 만 21세 이상의 모든 국민에게 투표권을 부여하였고, 보통·평등·비밀·직접 선거 원칙에 따라 치러졌습니다. 김구와 김규식 등은 남한만의 선거에 반대하며 불참한 가운데 이승만과 그를 지지하는 세력이 다수 당선되었습니다. 제헌 국회는 헌법을 제정하고 대통령에 이승만을 선출하였습니다.

6 민족의 아픔, 6·25 전쟁

history Point

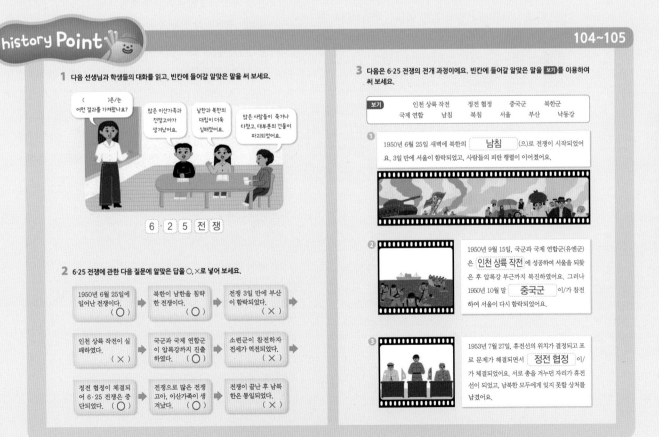

1 [예] 북한은 남한을 무력으로 통일하기 위해 전쟁을 일으켰다.

2 ❶ 국제 연합(UN) ❷ 인천 상륙 작전

　　❸ [예] 인천 상륙 작전을 계기로 전세가 역전되었다. / 서울을 되찾은 국군과 국제 연합군은 38도선을 넘어 북진하여 압록강까지 진출하였다.

3 ❶ [예] 이산가족이 많이 생겼다. / 건물, 도로, 철도, 다리, 문화재 등이 파괴되었다. / 도시가 폐허가 되었다.

　　❷ [예] 전쟁으로 인적, 물적 피해가 많았고, 이산가족 등 지금까지도 전쟁으로 고통 받는 사람들이 많이 있다. / 남북한 모두에게 잊지 못할 상처를 남겼다. / 무력으로 통일을 이룰 수 없다는 사실을 깨달았다. / 전쟁의 상처를 회복하는 일은 평화 통일을 이루는 것이다.

4 ❶ [예] 두려움, 전쟁이 일어나면 평화로운 시기에는 상상할 수 없는 안 좋은 일들이 연속해서 계속 일어날 것

　　❷ [예] 서로를 이해하는 마음을 갖는다. / 일상생활에서 통일을 준비하는 자세를 가진다. 남북문제에 관심을 갖는다. / 북한에 대해 바르게 이해하도록 노력한다. / 남북한의 공통점과 차이점을 알기 위해 노력한다. / 북한 사회에 열린 생각을 가진다.

해설

1 북한군이 38도선을 넘어 오면서 전쟁이 발발하였고, 많은 국민이 피란하였습니다. 우리 정부는 수도를 부산으로 옮기고, 학생들을 학도병으로 전쟁에 동원하였지만 전쟁 상황은 열세였습니다. 국제 연합군이 참전하면서 전세가 역전되었지만, 중국군의 개입으로 1·4 후퇴를 하고 말았습니다. 결국 정전 협정이 체결되면서 3년에 걸친 전쟁은 멈추었습니다. 많은 이산가족과 전쟁고아가 생기는 등 전쟁의 후유증은 계속되고 있습니다.

2 전쟁 초반에는 북한군의 일방적인 우세 속에 국군이 계속 후퇴하였지만, 국제 연합군이 참전하면서 인천 상륙 작전을 성공시켜 전세를 역전할 수 있었습니다. 국군과 국제 연합군의 활약으로 압록강까지 밀고 올라가 통일을 기대하였지만, 중국군의 개입으로 다시 서울을 빼앗

기고 한강 이남으로 후퇴하게 되었습니다.

3 전쟁으로 많은 군인과 민간인이 다치거나 죽었고, 가족이 흩어져 서로 생사를 확인하기 어려운 경우가 많았습니다. 국토는 황폐해졌고, 건물, 철도, 다리 등이 파괴되어 복구하는 데 많은 시간과 비용이 들었습니다. 전쟁은 남북한 모두에게 잊지 못할 상처를 남겼습니다.

4 평화란 전쟁을 하지 않는 것, 즉 무력 충돌이 일어나지 않는 상태를 말합니다. 6·25 전쟁으로 남북한 모두에게 수많은 사상자와 이산가족, 그리고 깊은 마음의 상처를 남겼습니다. 더 이상 전쟁으로 한민족이 아픔을 겪어서는 안 될 것입니다. 전쟁이 아닌 남한과 북한 모두 평화롭게 살아갈 수 있는 평화 통일을 위해 서로를 이해하는 마음을 갖고 남북문제에 관심을 가져야 합니다.

4·19 혁명이 일어나다

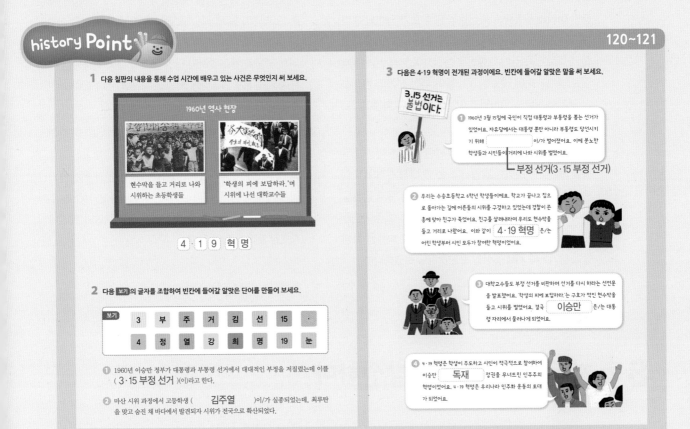

1 다음 칠판의 내용을 통해 수업 시간에 배우고 있는 사건은 무엇인지 써 보세요.

1960년 역사 현장

현수막을 들고 거리로 나와 시위하는 초등학생들

'학생의 피에 보답하라.'며 시위에 나선 대학교수들

4 · 1 9   혁 명

2 다음 보기의 글자를 조합하여 빈칸에 들어갈 알맞은 단어를 만들어 보세요.

보기

| 3 | 부 | 주 | 거 | 김 | 선 | 15 | · |
| 4 | 정 | 열 | 강 | 희 | 명 | 19 | 눈 |

❶ 1960년 이승만 정부가 대통령과 부통령 선거에서 대대적인 부정을 저질렀는데 이를 (3·15 부정 선거)(이)라고 한다.

❷ 마산 시위 과정에서 고등학생 (김주열)이/가 실종되었는데, 최루탄을 맞고 숨진 채 바다에서 발견되자 시위가 전국으로 확산되었다.

3 다음은 4·19 혁명이 전개된 과정이에요. 빈칸에 들어갈 알맞은 말을 써 보세요.

3.15 선거는 불법이다!

❶ 1960년 3월 15일에 국민이 직접 대통령과 부통령을 뽑는 선거가 있었어요. 자유당에서는 대통령 뿐만 아니라 부통령도 당선시키기 위해 [   ]이/가 벌어졌어요. 이에 분노한 학생들과 시민들이 거리에 나와 시위를 벌였어요.

└ 부정 선거(3·15 부정 선거)

❷ 우리는 수송초등학교 6학년 학생들이에요. 학교가 끝나고 집으로 돌아가는 길에 어른들의 시위를 구경하고 있었는데 경찰이 쏜 총에 맞아 친구가 죽었어요. 친구를 살려내라며 우리도 현수막을 들고 거리로 나왔어요. 이와 같이 4·19 혁명 은/는 어린 학생부터 시민 모두가 참여한 혁명이었어요.

❸ 대학교수들도 부정 선거를 비판하며 선거를 다시 하라는 선언문을 발표했어요. '학생의 피에 보답하라.'는 구호적인 현수막을 들고 시위를 벌였어요. 결국 이승만 은/는 대통령 자리에서 물러나게 되었어요.

❹ 4·19 혁명은 학생이 주도하고 시민이 적극적으로 참여하여 이승만 독재 정권을 무너뜨린 민주주의 혁명이었어요. 4·19 혁명은 우리나라 민주화 운동의 토대가 되었어요.

1 ❶ 예 자유당 후보를 대통령과 부통령으로 당선시키기 위해 부정 선거를 저질렀다. ❷ 4·19 혁명

2 예 당시 어린 학생들도 부정 선거와 이승만 독재 정권에 당당히 맞섰음을 알 수 있다. / 부정 선거와 이승만 독재 정권이 사라지고 모든 시민과 학생들이 원하는 민주주의 사회가 되길 바라고 있다.

3 ❶ 예 여당이 아무래도 유리하였기 때문에 자유당의 이기붕이 당선되었을 것이다. / 자유당의 인기가 민주당에 비해 없었기 때문에 민주당의 장면이 당선되었을 것이다.

❷ 예 이승만의 독재 정권을 막을 다른 힘이 없었기 때문에 이승만이 계속 대통령을 하게 되었을 것이다. / 혁명이 일어나지 않았더라도 부정 선거에 책임을 져야 했기 때문에 이승만은 대통령 자리에서 물러났을 것이다.

❸ 예 독재를 하는 대통령이 다시 등장하였을 것이다. / 민주주의를 지켜 주는 대통령이 등장하였을 것이다.

4 예 한승아, 안녕. 4·19 혁명에 대해 배우면서 나와 같은 초등학생이 경찰에 쏜 총에 맞아 사망하였다는 이야기를 듣고 너무 마음이 아팠어. 어린 나이에도 불구하고 나라를 위해 목숨 바쳐 희생된 한승이와 많은 시민들 때문에 나는 이렇게 편안하게 지내고 있네. 너의 희생을 헛되이 여기지 않을게. 나 역시 너를 기억하면서 부정과 부패에 참기보다 행동으로 보여 주는 학생이고 싶어. 그래서 우리나라의 민주주의 발전을 위해 나 역시 노력할 거야. 하늘에서 지켜봐 줘.

1 1960년 3월 15일 대통령과 부통령을 뽑는 선거가 있었습니다. 대통령 이승만이 소속된 자유당에서는 대통령 뿐만 아니라 부통령도 자신들의 당 후보가 당선되길 바랐습니다. 미리 투표하기, 짝지어 공개 투표하기, 투표함 바꿔치기 등 갖가지 방법을 동원하여 부정 선거를 저질렀습니다. 이에 분노한 시민들이 부정 선거에 반대하며 거리로 나위 시위하였고 이 시위를 4·19 혁명이라고 합니다.

2 4·19 혁명은 민주주의를 위해 수많은 시민과 학생이 목숨을 바쳐 시위하였던 날입니다. 3·15 부정 선거의 무효를 외치며 재선거를 요구하였고, 이승만의 독재 정권을 반대하는 시위가 전국적으로 일어났습니다. 초등학생들도 시위에 참여하였으며, 시위에 참여하여 희생된 학생들을 생각하며 시로 슬픔을 표현하기도 하였습니다.

3 이승만의 독재 정권에 반대하는 시민들의 목소리가 점차 커지고 있었던 상황 속에서 부정 선거가 일어나면서 4·19 혁명이 일어나게 되었습니다. 이승만 정권은 시위를 무력으로 탄압하였지만 시민과 학생들은 민주주의를 위해 죽음을 두려워하지 않았습니다. 결국 이승만은 대통령 자리에서 물러나게 되었고, 독재 정권이 끝나고 민주주의 사회로 한 단계 전진하게 되었습니다.

4 4·19 혁명으로 많은 학생들이 목숨을 잃었는데 이 중에는 초등학생도 다섯 명이나 포함되어 있었습니다. 이들의 희생으로 이루어 낸 4·19 혁명은 시민과 학생들의 힘으로 독재 정권을 무너뜨린 민주주의 혁명이었고, 우리나라 민주화 운동의 출발점이자 민주주의의 발전에 중요한 토대가 되었습니다.

8 자유 민주주의가 발전하다

history Point

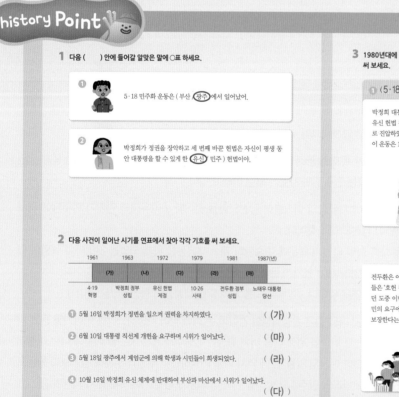

1 다음 (　) 안에 들어갈 알맞은 말에 ○표 하세요.

❶ 5·18 민주화 운동은 (부산 · (광주))에서 일어났어.

❷ 박정희가 정권을 장악하고 세 번째 바꾼 헌법은 자신이 평생 동안 대통령을 할 수 있게 한 ((유신) · 민주) 헌법이야.

2 다음 사건이 일어난 시기를 연표에서 찾아 각각 기호를 써 보세요.

1961	1963	1972	1979	1981	1987(년)
(가)	(나)	(다)	(라)	(마)	
4·19 혁명	박정희 정부 성립	유신 헌법 제정	10·26 사태	전두환 정부 성립	노태우 대통령 당선

❶ 5월 16일 박정희가 정변을 일으켜 권력을 차지하였다. 　((가))

❷ 6월 10일 대통령 직선제 개헌을 요구하며 시위가 일어났다. 　((마))

❸ 5월 18일 광주에서 계엄군에 의해 학생과 시민이 희생되었다. 　((라))

❹ 10월 16일 박정희 유신 체제에 반대하여 부산과 마산에서 시위가 일어났다. 　((다))

3 1980년대에 일어난 우리나라의 민주화 운동을 정리한 거예요. 빈칸에 알맞은 말을 써 보세요.

❶ (5·18 민주화 운동)

박정희 대통령이 암살되자 전두환을 중심으로 한 신군부가 등장했어요. 시민들은 유신 헌법 철폐와 신군부 퇴진을 외치며 시위를 했어요. 계엄군이 시위를 강압적으로 진압하였어요. 이때 많은 광주 시민들이 계엄군의 진압에 의해 죽거나 다쳤어요. 이 운동은 1980년대 민주화 운동의 중요한 원동력이 되었어요.

신군부는 물러가라! / 유신 헌법을 폐지하라!

❷ (6월 민주 항쟁)

전두환은 이전 헌법대로 대통령을 간접 선거로 뽑겠다고 했어요. 이에 분노한 시민들은 '호헌 철폐, 독재 타도'를 외치며 민주화를 요구하는 시위를 했어요. 시위를 하던 도중 이한열 학생이 최루탄에 맞아 숨지면서 시위는 더욱 거세졌어요. 결국 국민의 요구에 따라 대통령 후보였던 노태우가 대통령 직접 선거와 국민의 기본권을 보장한다는 내용의 민주화 선언을 발표했어요.

호헌 철폐 독재 타도

1 ❶ 유신 헌법
　　❷ 예 대통령을 국민이 직접 뽑지 못하게 하고, 대통령을 할 수 있는 횟수의 제한을 없애 평생 동안 권력을 유지할 수 있게 했다. / 대통령에게 국민의 권리와 자유를 제한하고, 국회를 해산하는 절대적인 권한을 주어 민주주의가 후퇴하였다.

2 예 (김만섭 일기) 광주에 온 지 3일째, 최루탄 연기가 자욱한데 하늘은 무심히도 맑다. 아무것도 모르고 광주에 왔는데, 이제 나갈 방법도, 서울과 연락할 방법도 없는 상황이다. 어린 딸이 잘 있는지 너무 궁금하다. 계엄군이 저지른 행동은 차마 말로 할 수 없다. 나라를 지키는 군인이 국민을 상대로 이런 끔찍한 짓을 하다니. 진실이 드러날 때가 분명히 올 것이고, 나도 서울로 돌아가면 많은 사람에게 이를 알릴 것이다. / (위르겐 힌츠페터 일기) 광주의 이 끔찍한 상황을 대한민국 다른 지역에서 전혀 모르다니. 이러한 끔찍한 현장의 진실을 전 세계에 알려야겠다. 민주주의를 지키려는 운동이 군사 독재 정권에 탄압 받는 것을 원하지 않는다. 민주주의를 지키려는 광주 시민들의 힘이 대단하다.

3 ❶ 예 간접 선거로 대통령을 뽑았다가 직접 선거를 통하여 국민이 직접 대통령을 선출하게 되었다.
　　❷ 예 호헌 철폐, 독재 타도를 외치며 군사 정부의 독재를 무너뜨리고 정치적 민주화를 이루고자 하였다.

4 ❶ 예 국민들이 국민의 뜻을 거스르는 독재 정권에 맞서 싸웠다. / 학생과 시민 모두 시위에 참여하였다. / 시위 과정에서 수많은 사람이 희생되었다.
　　❷ 예 독재 정치로 자유가 억압되었을 것이다. / 국민이 직접 대통령을 뽑지 못하기 때문에 부정부패한 대통령이 우리나라를 통치하였을 것이다.

해설

1 박정희는 1972년 10월에 유신을 선포하였습니다. 곧이어 유신 헌법을 만든 박정희는 평생 동안 대통령을 할 수 있는 법을 제정하였습니다. 대통령이 국회 의원과 법관 임명을 할 수 있고, 헌법조차 마음대로 바꿀 수 있었습니다. 유신 체제로 인해 우리나라의 민주주의는 다시 후퇴하게 되었습니다.

2 서울 사람으로 광주의 상황을 전혀 몰랐던 택시 운전사 김만섭과 사건을 취재하기 위해 광주로 뛰어든 독일 기자 위르겐 힌츠페터의 입장에서 5·18 민주화 운동을 바라보는 관점에 따라 일기를 써 봅니다. 특히 힌츠페터로 인해 언론 통제로 대한민국 내에서는 보도될 수 없었던 광주의 참상을 외국에 알리게 되면서 5·18 민주화 운동이 전 세계에 알려지게 되었습니다.

3 박정희 정부에 이어 등장한 전두환 정부 역시 독재 정치를 계속하자 국민들은 민주화와 대통령 직선제를 요구하며 시위하였습니다. 박종철 고문 사망 사건과 4·13 호헌 조치를 계기로 1987년 6월 시민들이 거리로 나와 시위하였고, 결국 6·29 민주화 선언을 통해 대통령을 국민의 손으로 직접 뽑게 되었습니다.

4 4·19 혁명과 5·18 민주화 운동, 6월 민주 항쟁 등 민주화 운동 과정에서 많은 학생과 시민이 참여하고 호응하였지만, 강경한 진압에 의해 희생당하는 아픔이 있었습니다. 하지만 이러한 희생 속에서도 많은 시민이 민주화를 위해 싸웠기 때문에 우리나라의 자유 민주주의는 상당한 정도로 발전할 수 있었습니다.

76~77

142~143

MEMO

MEMO